五色的哲学笔记

蒋玮 著

江苏凤凰文艺出版社
JIANGSU PHOENIX LITERATURE AND ART PUBLISHING

图书在版编目（CIP）数据

五色的哲学笔记 / 蒋玮著. —南京：江苏凤凰文艺出版社，2021. 6

ISBN 978-7-5594-6063-9

Ⅰ. ①五… Ⅱ. ①蒋… Ⅲ. ①哲学–研究–中国 Ⅳ. ①B2

中国版本图书馆 CIP 数据核字（2021）第 118583 号

五色的哲学笔记

蒋 玮 著

责任编辑 查品才 万馥蕾
装帧设计 王小耳
责任印制 刘 巍
出版发行 江苏凤凰文艺出版社
南京市中央路 165 号，邮编：210009
网 址 http：//www. jswenyi. com
印 刷 南京大贺开心印商务印刷有限公司
开 本 880 毫米×1230 毫米 1/32
印 张 6
字 数 108 千字
版 次 2021 年 6 月第 1 版
印 次 2021 年 6 月第 1 次印刷
书 号 ISBN 978-7-5594-6063-9
定 价 58.00 元

序言

颜色辨别是人类进步的阶梯，辨析是一种分类，而分类是人类心智的飞跃。对原始人的研究中，颜色的辨别往往与族群与图腾联系在一起。如在澳洲的某部落，白色风头鹦鹉图腾与太阳、夏天和风联系在一起，而黑色风头鹦鹉图腾则与月亮、星辰和流星联系在一起。这种界限的分类依据是颜色。有一派学者认为，分类的动力源于社会。社会区分你我，制造同类异类，生产图腾、氏族、胞族等。法国社会学家涂尔干和他的学生莫斯一起写了一本叫《原始分类》的书，讲述了分类的古老的问题，其中很多却是颜色问题。

《原始分类》从祖尼人的思考中发现很多有趣的问题，比如，他们把空间分为东西南北上下中，这样成为一个七维的世界。而时间就依次配置到相关的方位，这样的时空叠合和中国的时空观很相似。更加令人惊讶的是：不同的方位还与特定的颜色相配伍。如北方是黄色的，南方是红色的，上方是彩色的，下方是黑色的，中间则是什么色彩都有。东西南北上下中“七方”便有七个不同类型的图腾与颜色相区别。图腾物也被颜色化了，黑头与白头的类型就不同。颜色在人类生活中被高度重视，成为社会与文化的分类。读书的朋友都知道，这种分类观与中国的分类观是有点相似的，只是我们的“六合”“五方”“四季”“五色”说，表述有所不同。

《原始分类》中，作者也专门辟出篇幅讲述中国的分类，讲到中国的空间观与时间观，也提到颜色问题，遗憾的是，可能作者对于中国古籍的阅读能力有限，没有很好地展开。但是这些遗憾现在可以从苏州博物馆的青年学子蒋玮的《五色的哲学笔记》里得到弥补。

就像涂尔干和莫斯所说，中国是一个思维发达的社会，但是这个社会带有深厚的古老的传统。了解中国可以去田野，而书斋是另一个重要的入口。

《五色的哲学笔记》是一本以中国古典文献为基础的读物，但是又附录了很多色彩斑斓的图片，包括绘画等文物，这样看起来很深奥的东西就会同时带上感性生动的特点。毕竟，玄而又玄的文字，还是要借助物的实在来解说。形而上者谓之道，形而下者谓之器，形而皮者谓之色。“色即是空”是佛教的话语，这里的“色”不是颜色，而是可触之世界。对生活中的人们来说，不仅物质世界不空幻，就是色彩也是不空的。在中国人的意识中，色不仅是物本身，色还是精神世界、哲学世界。时间空间叠合在颜色里，这就是中国人的颜色认知。虚幻的色彩表皮，却是凝重的，世界不过就是一种色谱错杂的构成：天地玄黄。所以色彩之于中国，其重要性不言而喻。

我们先看一下本书的结构。

作者选取了《周礼》《春秋繁露》《山海经》《世说新语》和《闲情偶寄》五本书来讲述自己的颜色认知。对古籍有点知识，对五色有点了解的人看了这个目录就会想，拿前三者来说中国的五色观，那是没有太大问题的。那后面两部书，几乎很少说五色之事，同样放在这里，为什么呢？这问题确实很有意思。就是前面三本书，真要是讲五色，还真是问题不少。

《周礼》构建的是时空错杂的六维结构：天官冢宰、地官司徒、春官宗伯、夏官司马、秋官司寇、冬官司空。这个是怎么跟五色结合起来的呢？

天官地官，那是以空间命名；春夏秋冬四官，这是以时间命名的。这样一种错杂，看起来是有些不伦不类的，但是这部经典是怎么把时空统一的呢？我们还是从色彩上来看。《春官》篇在讲祭祀之礼的时候说："以玉作六器，以礼天地四方：以苍璧礼天，以黄琮礼地，以青圭礼东方，以赤璋礼南方，以白琥礼西方，以玄璜礼北方。皆有牲币，各放其器之色。"这里世界一下子变成了六方，六方变成了六色：苍、黄、青、赤、白、玄。五色为什么成了六色呢？多出来的一种颜色是苍——黑白之间色。苍介于黑白之间，调节了天地四方六合之需。这就是中国阴阳五行学说这一根本思维应对世界之变的权变。空间方位的颜色规范，作者称为“制色”，是天子管理天下的代码。

该怎么理解《周礼》中那种时空交错呢？作者有这样的笔记：

> 看上去是空间安置，实则蕴涵了时间原则在其内部。冬至礼天，夏至礼地，立春礼东，立夏礼南，立秋礼西，立冬礼北。在此基础上，天有北极，地在昆仑，东有苍精之帝，南有赤精之帝，西有白精之帝，北有黑精之帝，而璧圆象天，琮方象地，圭锐象东，半圭象南，琥猛象秋，半璧象冬。苍璧、黄琮、青圭、赤璋、白琥、玄璜，形色相称，貌似平行，不可分离，而末尾一句，“皆有牲币，各放其器之色”，“各放其器之色”，不是“各放其器之形”，实则把“色”，在特殊的语境中，推升至“本体论”高度。

这段笔记，对于中国色彩与时空的制度性话语，应该说讲得很是清楚。那么这个“五”“六”看似矛盾的问题如何解决呢？我们发现《周礼》是六数的大框架，五数的核心框架，如：“画缋之事：杂五色。东方谓之青，南方谓之赤，西方谓之白，北方谓之黑，天谓之玄，地谓之黄。青与白相次也，赤与黑相次也，玄与黄相次也。”“杂四时五色之位以章之，谓之巧。”天地四方是六合，但是春夏秋冬是四季，怎么都没有办法配成六季。这就有了“五”的调节。天地东西南北后来就演化为东西南北中，这样看，“五色”最后竟然影响了我们的世界观，成了现实的社会秩序、族群观念、领土观念。作者这样说：

> 随着“五色”观念的深入人心，围绕着王权，言说权力的意识形态话语体系，也即制度文化被立体地多维地建构起来——“五色”虽为兆气，其所兆者也便不再是远古“人民”的个人命运，而事关国祚之威权，必须放在民族、国家的宏阔视野中去理解。

不得不说，中国这种对色彩有点“过分”的文化观，真的就是这样。

《春秋繁露》这样的将《礼记》理想图示转化为现实图示的谋划，也是“笔记”的重要构成。这都很好。当然笔记要是对汉代多彩的色彩政治历史有所触及，那就会有更为生动的场景。

《山海经》近年是神话学民俗学的学术热点，更是文化创意关注的热点图书，那作为哲学书来读则是更为直接了。《山海经》一开篇便是《五藏山经》，南西北东中，六合变成了五方，这是色彩学对于宇宙世界的重构。“中”成了中国的话语表述关键词。

《山经》讲“山”，重出产；其他讲的是“国”，重族群诸民。所谓“地之所载，六合之间，四海之内，照之以日月，经之以星辰，纪之以四时，要之以太岁，神灵所生，其物异形，或夭或寿，唯圣人能通其道。”所以海外经没有海外中经，中只有一个。

但是我们发现，《山经》和《海经》，其次序都是南、西、北、东，而《大荒经》即变成了东、南、西、北的顺序。这种空间顺序的变动或许与地域发展有关，但是东西南北怎么都不是单一的中心，而是“大荒之中”，是一些“中国”之国。《周礼》里面的天地，在《山海经》这里变成了“中”，这就是“六合”向“五方”的变迁，也意味着五色找到了真正的对应归属。但是《山海经》却不全然遵守之。

现在的《山海经》研究者绞尽脑汁，想鼓捣出一点什么秘密来，这都很难。本书作者采用了简单的方式：统计。《山经》的出产核心是金玉。青碧玉是重点。青碧玉把蛇的地位也提升了，所以“青蛇”也是重点。青碧美玉，后来指代什么呢？青就是天。碧云天、黄花地这样一幅灿烂的图景，是天地玄黄的美术版。天也被描述为青天，青碧玉，那是天的色彩。这也许就是五色玉中，青碧玉凸显的原因。黄金出产，在《山海经》里很重要，那黄色，当然是大地之色。所以《山海经》把青碧玉、黄金强调出来，不仅仅是对金玉的重财重宝那么简单。统计还表明：丹红很重要。这既是对生命之色的注重，当然也与大汉时代尚赤开始铸就的“中国红”难脱干系。

《山海经》的色彩选择，真的就是那么一体多元，既重视五色的传统，又关注当下的选择，把天地色加重，把家国色、生命色加重，是不是有点创造性转化的味道？这中间的核心是天变了：玄天变成了青天碧云天，后来经过女娲一补，有了五彩色的天。还有那红，红遍了江山。再仔细想一下：是不是五色真的变成了五彩？黑白这两种消色，在《山海经》里面淡出了。这样看，称为“经”的《山海经》真不能说很民间，而是国家主流意识很强的一部著作。

作者选择《世说新语》与《闲情偶寄》说五色，人们肯定会说，这哪里有什么五色呢？

作者是想选择民间的色彩观来说事。一批在野的知识者，他们感到秩序感就是压迫，是不是以解构五色秩序来完成对社会之新思考？无论如何，他们想恢复世界的斑斓，那不仅仅是五色的问题。魏晋时期的一些知识者时运不济，感觉岁月流逝，如白驹过隙。灿烂的世界在传统知识者那里，也是难以消受其真美的存在。这样，现实的悲剧就把世界点染成无色。于是，白色与黑色这两种消色，成了魏晋以来，一批知识者的选择。阮籍的青白眼，把世界分成了两种色彩。这个世界，后来演变为水墨的世界，墨色成为艺术主调。我们称赞水墨为中国审美格调，是不是有点忽视了中国知识者的悲剧本色。当然，享受这种在野，是《世说新语》的主调。朝如青丝暮成雪，这是一种生命的慨叹，这黑白世界对于彩色世界的过滤，显得有些悲怆。而当我们把黑白的世界视为生命的本体，超脱个人的得失，这种色彩选择就成为民族的审美与智慧呈现了。

在野的文人第一次解构了五色谱系，五彩变成了“无彩”。但是，这只是一种知识者的民间。而在庶民生活世界里，食色之性一直在莽莽苍苍地奔流着，他们享受这真实的色彩世界，江南尤甚。随着江南经济的发展，文人不一定要仰赖官方供养，民间的文化消费可以为文人带来生计。明清重要的文化形式，是戏曲。戏曲强调剧美、声美，更有形美色美。李渔这位杰出的戏曲家，重新发现了“素以为绚”的中华色彩传统，其对于女性美的标准的提出，是真心的发现与赞美。

强调以白为核心的形体基质是在野文人的民间传统，而妆饰就是一种感性本源的色彩的精彩应用。李渔说：“但脂粉二物，其势相依，面上有粉而唇上涂脂，则其色灿然可爱，倘面无粉泽而止丹唇，非但红色不显，且能使面上之黑色变而为紫，以紫之为色，非系天生，乃红黑二色合而成之者也。黑一见红，若逢故物，不求合而自合，精光相射，不觉紫气东来，使乘老子青牛，竟有五色灿然之瑞矣。”这种对于色彩的知识表达，真的就是专家级别的了，不再有审美制度之色。他认为，“三分人才，七分妆饰。”李渔是一个将无色之白的女性基质与五彩之饰结合起来的人，很好地调节了自然的色调与人文的色调的关系。

李渔感叹自己“一介寒生，终身落魄”，但是，他有绝对一流的“好色”禀赋。且看他关于簪花之论：

> 富贵之家如得丽人，则当遍访名花，植于阃内，使之旦夕相亲，珠围翠绕之荣不足道也。晨起簪花，听其自择。喜红则红，爱紫则紫，随心插戴，自然合宜，所谓两相欢也。寒素之家，如得美妇，屋旁稍有隙地，亦当种树栽花，以备点缀云鬟之用。他事可俭，此事独不可俭。

这到底是爱女人还是爱花啊？其实，这是“好色”。这才是对五色真正的解构：从制度之色向生命色彩的回归。

我们因此也就明白了为什么南方的戏曲都北上了，因为这人还是感性的存在，帝王不仅以“色”治天下，还真好“色”。有皇帝七下江南，目的很多。赏江山秀色难说不是动机之一。

所以，将《闲情偶寄》放到五色论，真是有眼光 。

但是，选择这些典籍，只是作者的一种选择。关于“五色”，不同的人可能会选择大不相同的典籍来解读。作者想在官方规范与民间追求的对立处找出问题，以体现中国色彩观的多元与波澜，也想在理论思辨与色彩的实践方面做整体理解，故附录了一批图片。这样的出发点很可以理解，而这样的一番实践值得赞许。

而回归典籍，这是中国学术发展的前提。读书以承道，解书以达理，写书以明志。年轻人能够读书如此，也是少见了。从读书开始治学，非常值得倡导。

当然，这份笔记还是有点太浓烈了。虽然图书只选了五部，但是这五部专书，皆博大精深，所以综合在一起就有难度。但这本不是问题，该笔记还是应该拓展空间，就“五色”展开广阔的视野，形而上、形而下交织起来叙写之。笔记原本可以非常自由，但是该书还是有点束缚在所选古籍之中，作者多以诗文为触角展开，所以还是有些局限。在社会历史的视野中去思考，在思维变迁的世界去探讨，这是作者登高远眺的新的目标。笔记所指，或为解读，或为建构，或仅言趣，无不可。所以我们不要求一部知识小集，解决所有颜色文化的问题。

世间岂止五色，中国人为何独钟情五色？这是说色彩有民族性问题。目之于色，果有同好？这是说色彩有人类共性问题。这样一看，五色的问题真是不小。要说是审美问题，那是美丑好恶；说是政治，那真是族群身份，阶级划分；要说是历史，那是朝代更替，文化转型。这都是色彩的大问题。要说色彩哲学、人类思维，以上都是：辨类构型，色以类分。涂尔干、莫斯想从社会学找出解读方式，那也只是路径之一，远远不够。

显然，色彩问题是一个难题，但是本书肯定是一部富有启发性的书。

五色的叙事，就像世界的斑斓，永远在放射其智慧光芒，值得以生命相随，因为生命同样是灿烂的。五色调合成宇宙间的蔚然奇观，其天地大美，岂可无言？

2021. 2. 6 辛丑春日　海上南园

目　录

第一章

《周礼》中的五色兆

“色”，兆气也。“色”的原义蕴涵在中国远古巫术的礼仪、仪式活动里，是一种预示人生命运的征兆。中国远古社会本是一个色彩斑斓的绚烂世界，古代先民们所感知到的万物，皆具其形式，咸有其色彩。然而，在先民们种种层出不穷而又变幻无尽的视觉印象里，“色”并不仅仅是作为某种已然成色的“结果”呈现给世人的。在“形”“色”的“背后”，蕴涵着一个更为弘阔而周流不息的生命世界，这便是“气”的世界。事实上，“色”更为准确的定义，是万物之“气”的端倪与征兆，是远古先民借以观察万物之“道”的渠道和媒介。这样一种端倪与征兆，渠道和媒介，往往带有象征的色彩和推论的成分，易于类型化，却依旧因其直观而可靠。“五色”正是在这一逻辑下生成的之于“五行”的应证和表征。“色”的原始含义大量渗透在《周礼》中，因此，我们即将展开的关于“五色”的文化之旅，便从这里开始。

第一节　气色

在中国古代先民的生活世界里，五色原本是一种值得崇拜的对象。纵观历史的长河，这种崇拜一以贯之。武则天《游仙篇》曾云："驻迥游天域，排空聊憩息。宿志慕三元，翘心祈五色。"[①] "三元"有各种讲法，本为天地人，或谓天地水，尝跟律历、科举、术数有关，在这里，多体现出其本义。"五色"素无歧义，指的是五种气色。三元与五色，作为慕祈之对象，乃与当时的祈福习俗有密不可分的联系。事实上，五色常常是一种在巫术活动中被"提炼"和"锻造"的结果。齐己有一首《夏云曲》，其曰："男巫女觋更走魂，焚香祝天天不闻。天若闻，必能使尔为润泽，洗埃氛，而又变之成五色。捧日轮，将

---

① （唐）武则天，孙望辑：《全唐诗补逸》卷1，载王重民、孙望、童养年辑：《全唐诗外编》上册，中华书局1982年7月版，第63页。

以表唐尧虞舜之明君。"[①] 在这里，"五色"显然是要参加到巫术活动中去的，是巫术现实呈现的一部分。巫觋走魂焚香，一旦有所闻，可使夏云润泽，洗去尘埃，变为五色。这意味着，五色的祝祷是有所呼应的"回报"。五色是一种征兆，这是毫无疑问的。易静有《兵要望江南》，其七《占霞第六》："城营上，五色气并霞。尽是贼军天预显，早须为计好防，否则死如麻。"[②] 其四《占月第十二》："占夜月，五色气相当。此是交兵须谨慎，直须拚得赏儿郎，悭吝必相伤。"[③] 其三十八《占日第十一》："太阳畔，五色气鲜明。下有奔麄形象具，忠臣遭戮又妖兴，不可不留情。"[④] 其四十九《占日第十一》："日五色，或有气棱层。其分国王权政失，耽迷酒色损生灵，修德灭奢矜。"[⑤] 城营上的，夜空中的，太阳旁的，日光中的各种五

---

① （唐）齐己，周振甫主编：《唐诗宋词元曲全集》（《全唐诗》第16册卷847），黄山书社1999年1月版，第6224页。

② （唐）易静，王兆鹏主编：《唐宋词汇评》（《唐五代卷》），浙江教育出版社2004年1月版，第239页。

③ （唐）易静，周振甫主编：《唐诗宋词元曲全集》（《唐宋全词》第1册），黄山书社1999年1月版，第67页。

④ （唐）易静，周振甫主编：《唐诗宋词元曲全集》（《唐宋全词》第1册），黄山书社1999年1月版，第66页。

⑤ （唐）易静，周振甫主编：《唐诗宋词元曲全集》（《唐宋全词》第1册），黄山书社1999年1月版，第67页。

色征兆，无不预示着敌军的抑或自身阵仗中的潜在动向。如是案例，不胜枚举。即便撇开恢弘的国祚、战争的暴力不谈，人们的日常生活里，崇拜五色的现象依旧存在。大量数据表明，五色在现实的经验里，同样是一种可以用于占卜的重要对象。

那么，五色何以成“兆”？何以为“肇端”？不妨把历史的目光追溯回《周礼》的时代。《周礼》的时代，呈现出的是一个五色“运行”的时代。

“色”作为万事万物可见的视觉对象，在《周礼》中的出现极为普遍。什么东西有“色”？“事”“物”，皆有其“色”。尤其是土地。《地官司徒》有所谓“草人”：“掌土化之法以物地，相其宜而为之种。凡粪种，骍刚用牛，赤缇用羊，坟壤用麋，渴泽用鹿，咸泻用貆，勃壤用狐，埴垆用豕，强槛用蕡，轻票用犬。”① “草人”职责，在于其以“土化之法”而“相宜”，“为之种”。既然“土”乃五行之一，代表了承载、孕育万物的“坤”道，何“化”之有？五行之“土”，是关于“土”的抽象定义，而“土”的现实形态是土地。现实的乃至具体的土地差异悬殊，既然天有“四时之变”，那么，各方地域之“土地”，也就有了美恶、轻重、厚薄的分别。在《地官司徒》

① （汉）郑玄注，（唐）贾公彦疏，彭林整理：《周礼注疏》（上），上海古籍出版社 2010 年 10 月版，第 584—585 页。

中，“草人”之前，所列为“土均”一职，即“掌平土地之政”者——如果土地是绝待的，一律的，一致的，也就不存在“平”与“不平”的问题了。而在“土均”之后，“草人”一条，其意义正在于“土地”据其“个别”而有所征均后，因地制宜，探求其“化”法，“相”法，“种”法。

值得注意的是，郑玄对此的解释，其曰：“土化之法，化之使美，若氾胜之术也。以物地，占其形色为之种，黄白宜以种禾之属。”① “土化”的合理依据是什么？使“美”，使得土地“美”起来。如斯之“美”，与艺术创造无关，与农业生产有关——“地美，则重行之，地恶，则轻行之。”② “美恶”如何判断，什么样的土地是美的？什么样的土地是恶的？如何对待美的土地？如何对待恶的土地？实则指向的是“草人”“物地”的实际经验。在这里，郑玄提到了氾胜之，氾胜之是西汉著名的农学家，氾胜之所撰《氾胜之书》，与北魏贾思勰的《齐民要术》、元代王祯的《农书》、明代徐光启的《农政全书》，并称中国古代四大农书。“氾胜之术”，是就农业生产技术而言的。此处有一处细节需要留意，究竟何谓“物地”之

① （汉）郑玄注，（唐）贾公彦疏，彭林整理：《周礼注疏》（上），上海古籍出版社2010年10月版，第584页。

② （汉）郑玄注，（唐）贾公彦疏，彭林整理：《周礼注疏》（上），上海古籍出版社2010年10月版，第584页。

法？“占其形色为之种”，实践“物地”，是要“占其形色”，是要占验土地的形式和成色。这说明，“色”是“草人”“物地”“相土尝水”的占验对象。这意味着，《周礼》中所提及之“色”，不能单纯地当做物之现象来理解，亦当以占验之对象来理解。占验不同于经验认知，占验的对象不只是万事万物的表象，而更是万物表象背后的本性、本质——“气”。

接下来，草人将“相其宜而为之种”，所谓“为之种”的“种”，实为“粪种”。在这里，“骍刚用牛，赤缇用羊，坟壤用麋，渴泽用鹿，咸泻用貆，勃壤用狐，埴垆用豕，强檻用蕡，轻票用犬”，一共罗列了九种。其中，有一种颜色极为醒目——“赤缇”。赤缇者，原色也，《尔雅》谓之，为“一染”之色。实际的情况要复杂得多，九地不惟“赤缇”有色。据《禹贡》可知，此处实可对应“九州”概念：“翼州云白壤，青州云白坟，兖州云黑坟，徐州云赤埴坟，扬州、荆州云涂泥，豫州云坟垆，梁州云青黎，雒州云黄壤。”[①] 天下九州，九州之土质，恰恰是以其“色”来描摹乃至定义的。换句话说，“土”在五形系统中或许是黄色的，但九州之“地”，需要区别对待而相宜的各个地区的“土地”，却各有其气，各有其色。

---

① （汉）郑玄注，（唐）贾公彦疏，彭林整理：《周礼注疏》（上），上海古籍出版社 2010 年 10 月版，第 585 页。

在此基础上，《周礼》中的“物色”，究其实质，常与土地相关。正所谓天有四时，地有五色。这一现象，不只是地官部分适用，同样适用于天官祭祀的部分。《天官冢宰》中有“笾人”：“掌四笾之实。朝事之笾，其实麷、蕡、白、黑、形盐、膴、鲍鱼、鱐。馈食之笾，其实枣、栗、桃、干橑、榛实。加笾之实，菱、芡、栗、脯。羞笾之实，糗饵、粉粢。凡祭祀，共其笾荐羞之实。丧事及宾客之事，共其荐笾羞笾。为王及后、世子共其内羞。凡笾事，掌之。”[①] 所谓“笾”，乃竹器，呈豆形，容量四升；所谓“四笾”，即朝事、馈食、加笾、羞笾四者。这样一种豆形竹器，至“汉礼器制度”中仍在沿用。其中，“朝事之笾，其实麷、蕡、白、黑、形盐、膴、鲍鱼、鱐”一句貌似颇为费解，实则“白”，为熬稻米；“黑”，为熬黍米。与之有关联的“麷”为熬麦，“蕡”为麻子，“形盐”为形似虎的盐，“膴”为鱼肉，“鲍鱼”亦为鱼，“鱐”为鱼干，皆为食物，为土地上的“土特产”。事实上，“稻曰白”，“黍曰黑”者，在当时是常识，因为稻米见白，另《尔雅》有“秬黑黍”。在这一具有共识的语境里，黑白不再是两种抽象的色泽，而是两种具体的实际产物——出自土地的产物。

---

① （汉）郑玄注，（唐）贾公彦疏，彭林整理：《周礼注疏》（上），上海古籍出版社 2010 年 10 月版，第 178—183 页。

既然提到食物，也就不得不提到“内饔”。《天官冢宰》曰：“内饔，掌王及后、世子膳羞之割亨煎和之事，辨体名肉物，辨百品味之物。王举，则陈其鼎俎，以牲体实之。选百羞、酱物、珍物以俟馈。共后及世子之膳羞。辨腥臊膻香之不可食者：牛夜鸣，则庮；羊泠毛而毳，膻；犬赤股而躁，臊；鸟皫色而沙鸣，狸；豕盲视而交睫，腥；马黑脊而般臂，蝼。凡宗庙之祭祀，掌割亨之事，凡燕饮食亦如之。凡掌具羞、修、刑、膴、胖、骨、鱐，以待共膳。凡王之好赐肉修，则饔人共之。”[1]“内饔，掌王及后、世子膳羞之割亨煎和之事，辨体名肉物，辨百品味之物”，因其身份的特殊，对待食物，“内饔”有着极端的挑剔和特殊的敏感。就“内饔”而言，“辨体名肉物，辨百品味之物”，似乎并没有提及食物的颜色，其中“体名”，指的是脊、胁、肩、臂、臑，指的是部位，但“辨腥臊膻香之不可食者：牛夜鸣，则庮；羊泠毛而毳，膻；犬赤股而躁，臊；鸟皫色而沙鸣，狸；豕盲视而交睫，腥；马黑脊而般臂，蝼”一句，却与食物、动物的颜色有关。据《庖人职》可知，腥，之谓鸡；臊，之谓犬；膻，之谓羊；香，之谓牛。什么样的牛羊犬鸡不可食？牛无事而夜鸣，其肉恶臭；羊毛长

① （汉）郑玄注，（唐）贾公彦疏，彭林整理：《周礼注疏》（上），上海古籍出版社 2010 年 10 月版，第 127—130 页。

而聚结，其肉必膻。接下来比较关键，何谓“犬赤股而躁”？“赤股”，实则指的是股里无毛，不是说肉为红色，如同《礼记檀弓》中又有“白肉”的说法，并不是说肉色白，而是说其“走而躁疾”，所以，其肉必“臊”。换句话说，躁动疾走之犬不可食，这与犬的毛色没有关系。不过，“鸟皫色而沙鸣”，其中“皫色”，指的是失色。鸟毛失色，其鸣又嘶，其肉必郁，也即腐臭。这一句与“马黑脊而般臂，蝼”在逻辑上极为接近，马的脊背黑，前胫般般然，其肉蝼蛄臭。可知，鸟羽必须具备，而“内饔”之于马匹的脊背颜色也有要求。这意味着，在处理王室家族的膳食过程中，“内饔”不仅面对着植物的颜色，也同样在意动物的色泽，而动物的色泽，恰恰是与动物的生活习性有关的。

《周礼》中“色”的逻辑，不仅适用于土地、植物、动物和食物，也同样适用于人自身。不过，这里的“人”，更倾向于指作为族类的“人民”。“人民”，通常以“民”来指称，而“人”，指的是“超出”于“人民”的部分，例如“君王”。“人民”是“地貌”的一种，“人民”不是根据阶级、天性、人格、心理来划分的，而是根据其“产地”来划分的。《地官司徒》所载“大司徒”之职：“以土会之法辨五地之物生：一曰山林，其动物宜毛物，其植物宜皁物，其民毛而方。二曰川泽，其动物宜鳞物，其植物宜膏物，其民黑而津。三曰丘陵，其动物宜羽物，其植物宜核物，其民专而长。四曰坟衍，其动物宜介物，其植物宜荚物，其民皙而瘠。五曰原隰，其动物宜裸物，其植物宜丛物，其民丰肉而庳。”① 这里的“五”，不属于东西南北中的方位分类系统，而是按照现实经验中的地形、地貌来进行分类的。“会”可谓“计”之义，“山林”可谓上之极者，“川泽”可谓下之极者，其余三者，“丘陵”“坟衍”“原隰”居其间，共分五地。这段话应证了“方以类聚，物以群分”的原则，所谓“人民”，以其所感所受之地气形式的不同，形类各异。其中，民的“毛而方”“黑而津”“专而长”“皙而瘠”“丰肉而庳”，恰恰与肤色、外表有关。

除了土地、植物、动物、食物、人民之外，器物本身更有其与生俱来的本色。《冬官考工记》曰：“凡相干，欲赤黑而阳声，赤黑则乡心，阳声则远根。凡析干，射远者用势，射深者用直。居干之道，菑栗不迤，则弓不发。凡相角，秋杀者厚，春杀者薄；稚牛之角直而泽，老牛之角紾而昔；疢疾险中，瘠牛之角无泽。角欲青白而丰末。夫角之本，蹙于脑而休于气，是故柔；柔故欲其势也。白也者，势之征也。夫角之中，恒当弓之畏；畏也者必桡，桡故欲其坚也。青也者，坚之征也。夫

① （汉）郑玄注，（唐）贾公彦疏，彭林整理：《周礼注疏》（上），上海古籍出版社2010年10月版，第337页。

角之末，远于脑而不休于气，是故脆，脆故欲其柔也。丰末也者，柔之征也。角长二尺有五寸，三色不失理，谓之牛戴牛。凡相胶，欲朱色而昔；昔也深，深瑕而泽，紾而抟廉；鹿胶青白，马胶赤白，牛胶火赤，鼠胶黑，鱼胶饵，犀胶黄。凡昵之类不能方。”[①] 就《冬官考工记》之“弓人”而言，郑玄说得很清楚，所谓“冬官”，意即“司空”。冬天来临，闭藏万物，司空，实则是要使民得以充实而无空。不过，郑玄也讲了，“《司空》篇亡，汉兴，购千金不得。此前世识其事者记录，以备大数尔”[②]。

“弓人为弓”的先决条件是时间，“取六材必以其时”，也就是“取干以冬，取角以秋，丝漆以夏，筋胶未闻”[③]。时间重要，何时取材，决定了弓人所制之弓的成效。在此基础上，才有了所谓“干也者，以为远也；角也者，以为疾也；筋也者，以为深也；胶也者，以为和也；丝也者，以为固也；漆也

---

① （汉）郑玄注，（唐）贾公彦疏，彭林整理：《周礼注疏》（下），上海古籍出版社 2010 年 10 月版，第 1699—1703 页。

② （汉）郑玄注，（唐）贾公彦疏，彭林整理：《周礼注疏》（下），上海古籍出版社 2010 年 10 月版，第 1519 页。

③ （汉）郑玄注，（唐）贾公彦疏，彭林整理：《周礼注疏》（下），上海古籍出版社 2010 年 10 月版，第 1697 页。

者，以为受霜露也”[①]。我们不妨集中探讨两点，也即如何相干、如何相胶。其中，有一句话特别重要，“夫角之本，蹙于脑而休于气，是故柔；柔故欲其势也。白也者，势之征也”。这里的“角”，指的是牛角。“角之本”，角之根本是什么？是“蹙于脑而休于气”，蹙者近也，因为牛角与牛脑最为接近，所以能够沐浴和煦之气，所以“柔”，所以“形之自曲”，反是执之，可以为弓。重点在于，“白也者，势之征也”。为什么要与脑蹙近？因为要“休于气”。“休于气”是蹙近脑的依据。因为“休于气”，所以才有了柔性，有了自曲，有了反执之势。即便是角之末，也“远于脑而不休于气”。势，即“不动之动”的张力存在。“白也者，势之征也”，恰恰说明，“白”乃是“不动之动”之张力存在的象征和证明。另外，相“胶”尚朱色，是因为朱色为牛胶。“鹿胶青白，马胶赤白，牛胶火赤，鼠胶黑，鱼胶饵，犀胶黄。”

由此可知，“色”原本是经验性的，属于实物的具体的当下的存在，但中国古代先民之于“色”的理解又远远不止于此，他们还把“色”理解为一种既是具体的，又是抽象的“气色”。“色”从具象走向抽象，从经验走向范畴，从现实走向理

---

① （汉）郑玄注，（唐）贾公彦疏，彭林整理：《周礼注疏》（下），上海古籍出版社2010年10月版，第1698页。

性的道路上，“气色”之“气”，之为中介，不可或缺。换句话说，如果“色”不能反映出“气”的真实状态乃至象征涵义，也就不再具备其之于生命存在之形神系统而言的价值论意义了。

无论如何，中国远古先民生活在广袤的大地之上，他们所目睹的万物之色细腻而丰富，丰富而多彩。单就现实的经验而言，如是之“色”，是凝练不出“五色”的。他们的色泽体验多来自土产，植物、动物、器物、人民生机勃勃的各种“生”“气”姿态，而很难被单纯的五种颜色、“五色”系统所“净化”“升华”“淘汰”和“筛选”。那么，这种看似难以用理性来把捉的逻辑推定究竟是如何发生的？——笔者认为，五色系统的建构，单纯地以气色来自下而上地推定，是无法知其究竟的，而必须有一种自上而下的规定驱使。这一规定，即与制度有关。

第二节　制色

“五色”是一种制度文化的产物。“色”本是一种万事万物之“兆气”的表色经验，但“五色”并不是对万事万物之“兆气”的表色经验的高度概括和总结，而是在制度文化的建构过程中，抽离于经验表象完成的。换句话说，“五色”中充满了理性的意味、驱使的企图、自上而下的贯彻力。在《周礼》中，一个极为特殊的现象是，青、赤、白、黄、黑，五色出现的频次非常接近。青，出现过 17 次；赤，出现过 16 次；白，出现过 20 次；黄，出现过 17 次；黑，出现过 12 次。这说明，青、赤、白、黄、黑之为五色，在《周礼》的世界中是“均衡”的。如是“均衡”如何可能？如是“均衡”本身，不只是视觉世界的现实巧合，亦是意义世界的价值取向和选择结果，它凸显出了中国远古先民们“有意为之”的人文烙印与哲学希冀。

在《周礼》中，关于“五色”系统的表述，《冬官考工记》

中的一句话最具有理想主义的泛乌托邦色彩。其曰："画缋之事，杂五色。东方谓之青，南方谓之赤，西方谓之白，北方谓之黑，天谓之玄，地谓之黄。青与白相次也，赤与黑相次也，玄与黄相次也。"① 这是一段非常经典的定义，完整而准确地刻画出了一幅天玄地黄图，青龙、白虎、朱雀、玄武式的宇宙图景。这不是经验总结，而是基于经验的理性推定。具体而言，首先，"缋"字关键，此处之"缋"，指的是"衣"，郑玄有言，"缋以为衣"。所谓天玄地黄，青龙、白虎、朱雀、玄武并不是陈列在博物馆里、画展上供人驻足欣赏的艺术品，它们并不是画在"画布"上与审美主体保持了一定"距离"的视觉经验的对象，它们被绘制在服装上，实则是象征着权力与地位的符号。首当其冲的价值在于其社会属性，而非艺术属性、审美属性。其次，"杂"与"次"，二字关键。天玄地黄，青龙、白虎、朱雀、玄武不可以单体形式出现，而必须协同交织，在彼此照面的应证系统中确立自身的价值。这意味着，"五色"是一种整体的观念，一整套观念。这也就解释了为什么"五色"在《周礼》中出现的频次是均衡的。"次"，指的是"第次""次第"，"布采之第次"，"相次"贯穿了六种色相，与此

---

① （汉）郑玄注，（唐）贾公彦疏，彭林整理：《周礼注疏》（下），上海古籍出版社 2010 年 10 月版，第 1605 页。

同时，塑造出了中国制度文化的“原型”。这个世界不是“一分为二”的结果，如果一定要用“分”来表述的话，这个世界是“一分为三”的结果。在物质文化与精神文化之间，那个“一分为三”的“第三者”，是制度文化。这种制度文化尚有一种中国远古社会制度层面的“庇佑”与“遮蔽”，“协调”与“规训”。最终，“五色”本身有可能成“象”。郑玄提过，这段话指称的是“画缋六色所象”者。天玄地黄，青龙、白虎、朱雀、玄武，究竟是天地龙虎雀龟蛇重要，还是玄黄青白朱黑重要，在这里，天地龙虎雀龟蛇等图腾形象并未被提及，“东方谓之青，南方谓之赤，西方谓之白，北方谓之黑，天谓之玄，地谓之黄”，色胜于形。不过，根据《虞书》的讲法，“予欲观古人之象，日月星辰，山龙华虫作缋”[①]，则形胜于色。结合二者，可知在如是系统中，色作为“象”，显然是不可或缺的。值得一提的是，天只可谓之玄，不可言黑天；就北方而言，则玄黑二者皆可。

紧随上述引文之后的一段话同样重要，其曰：“青与赤谓之文，赤与白谓之章，白与黑谓之黼，黑与青谓之黻，五采备谓之绣。土以黄，其象方，天时变；火以圜，山以章，水以

① （汉）郑玄注，（唐）贾公彦疏，彭林整理：《周礼注疏》（下），上海古籍出版社 2010 年 10 月版，第 1605 页。

龙，鸟，兽，蛇。杂四时五色之位以章之，谓之巧。”① 首先，“绣”作为方法，同于“刺”，而“绣”的对象是“裳”，上衣下裳，缋衣绣裳。上衣绘制的是纯色图案，下裳则刺绣的是双色图案。无论上衣还是下裳，五色必须齐备才得体，才完整。中国传统文化，本无所谓“文学”，“文学”者，“文章”之学尔，通晓了“文”“章”在《周礼》系统中实乃指称五色之于衣裳服装而言的特殊符号，或许也就有助于我们理解“文章”“文学”之于中国传统文化而言的真实意义。其次，这段话中较为难解的是“火以圜，山以章，水以龙，鸟，兽，蛇”。这与先民的图腾崇拜有关。“圜”形似火。“火”的甲骨文与“山”的甲骨文结构极为类似，区别在于，“火”之底边为半环形状，“山”之底边为直线横截。“章”者，“獐”也。“獐”是一种山物。既然有“山”，便要有“水”“龙”为水物。鸟的特殊性在于其翼，兽的特殊性在于其毛，蛇的特殊性在于其鳞。最终，这段话的结论是，“杂四时五色之位以章之，谓之巧”。“章”者明也。郑玄有言：“缋绣皆用五采鲜明之，是为巧。”②

---

① （汉）郑玄注，（唐）贾公彦疏，彭林整理：《周礼注疏》（下），上海古籍出版社 2010 年 10 月版，第 1606—1607 页。

② （汉）郑玄注，（唐）贾公彦疏，彭林整理：《周礼注疏》（下），上海古籍出版社 2010 年 10 月版，第 1607 页。

如何使衣裳“鲜明”，“彰显”其特有的社会身份属性？“杂四时五色之位”。“位”者，次第也。《周礼》的“理想主义色彩”如果用一个词来概括，这个词，即礼之“制度”。在如是制度的塑造、构拟、设想的图景中，“五色”具有举足轻重的价值，它是规划“天地神人”的整体基调。类似案例还有《天官冢宰》中的“屦人”：“掌王及后之服屦，为赤舄、黑舄，赤䋚、黄䋚，青句，素屦、葛屦，辨外内命夫命妇之命屦、功屦、散屦。凡四时之祭祀，以宜服之。”①

除服饰制度外，金银玉器的五色华彩最令人瞩目。《春官宗伯》曰：“以玉作六器，以礼天地四方：以苍璧礼天，以黄琮礼地，以青圭礼东方，以赤璋礼南方，以白琥礼西方，以玄璜礼北方。皆有牲币，各放其器之色。”② 了解这段话的前提，是必须了解实践此礼的主体条件，也即谁是该行为的主体，由谁来执行“以玉作六器，以礼天地四方”。大宗伯。“大宗伯之职：掌建邦之天神、人鬼、地示之礼，以佐王建保邦国。”“建”者，立也。这句话中，重复出现的“建”字，皆为建立、树立之义。大宗伯的职责，正是通过建立、树立礼制，来辅佐

---

① （汉）郑玄注，（唐）贾公彦疏，彭林整理：《周礼注疏》（上），上海古籍出版社2010年10月版，第291—296页。

② （汉）郑玄注，（唐）贾公彦疏，彭林整理：《周礼注疏》（中），上海古籍出版社2010年10月版，第687页。

君王建保邦国。建保邦国不同于治国安邦，而在维持邦国统治的同时，更多地具有制度初建的含义。在这里，前半句“掌建邦之天神、人鬼、地示之礼”，尊的是超越于人类的鬼神；后半句“以佐王建保邦国”，重的是以王为代表的人事。人是在天地之中的，确切地说，王是在天地之中的。因此，大宗伯所完成的祭祀礼仪中的崇拜对象，指向的是天地中超自然力的存在，而非人类，王本身。所以，如果说《周礼》中的制度是一种约束抑或庇护的话，那么，包括王在内的人类，亦是这一制度约束抑或庇护的参与者，“若王不与祭祀，则摄位”①。

在大宗伯的职业操守中，“以玉作六器，以礼天地四方”，即便不是其所有祭祀礼仪的“全本”，亦是其流传最为深远的部分。一方面，“以玉作六器”，影响持久。“作”者，制也。“以玉作六器”，如何作之？依照制度制作。大宗伯并不依靠他的个人情绪、知识、智慧、才性，乃至理解力和想象力来制作玉器，制度是他制作的理性守则，同时赋予了他制作的合法前提。形而上者谓之道，形而下者谓之器。玉器非形而上之道，乃形而下之器。器是经验的，现实的，可知可感，可以操弄和把执的。大宗伯制作玉器，不制作玉道，祭祀活动本身可以实

① （汉）郑玄注，（唐）贾公彦疏，彭林整理：《周礼注疏》（中），上海古籍出版社2010年10月版，第693页。

践，可以模仿。另一方面，“以礼天地四方”，礼制所祭祀的对象是天地四方。天地以及四方，共六者，并非五行。天地与四方，细论之，有重叠。天圆地方，地是方所，方属地，四方指的就是四方之地。地与四方在语义上是重叠的。因此，天地四方的组合实际上是一种抽象含义的组合，而不是经验现实的罗列，它们共同指向一个结果，那便是“宇宙”。这个“宇宙”必然是一个整体。失去宇宙论的整体这一图底，单独的天地四方无法想象。

“以苍璧礼天，以黄琮礼地，以青圭礼东方，以赤璋礼南方，以白琥礼西方，以玄璜礼北方”，看上去是空间安置，实则蕴涵了时间原则在其内部。冬至礼天，夏至礼地，立春礼东，立夏礼南，立秋礼西，立冬礼北。在此基础上，天有北极，地在昆仑，东有苍精之帝，南有赤精之帝，西有白精之帝，北有黑精之帝，而璧圆象天，琮方象地，圭锐象东，半圭象南，琥猛象秋，半璧象冬。苍璧、黄琮、青圭、赤璋、白琥、玄璜，形色相称，貌似平行，不可分离，而末尾一句，“皆有牲币，各放其器之色”，“各放其器之色”不是“各放其器之形”，实则在特殊的语境中把“色”推升至“本体论”高度。

在材质上，与玉接近者固有金；然《周礼》所言，大多重在金的铸造——铸造的过程被详尽记录下来，足以说明时人之于金的关注重点，在于金属的冶炼，而非金属炼就之后，形制的“书写”。例如《冬官考工记》：“凡铸金之状：金与锡黑浊之气竭，黄白次之；黄白之气竭，青白次之；青白之气竭，青气次之。然后可铸也。”① 从黑浊到黄白，从黄白到青白，从青白到青之可铸，或可理解为一种铸造由生而熟的进化过程。在这一进化过程中，“气”是“色”的内在实体。所铸之“金”，不是无生命的僵持的“物”。土生金，土是木燃烧的灰烬，是木生命的转化形式，所以，金亦具有生命。

在《周礼》的时代，金石已日益贵重。《秋官司寇》有“职金”者：“掌凡金玉、锡石、丹青之戒令。受其入征者，辨其物之媺恶与其数量，楬而玺之。入其金锡于为兵器之府，入其玉石、丹青于守藏之府，入其要。掌受士之金罚、货罚，入于司兵。旅于上帝，则共其金版，飨诸侯亦如之。凡国有大故而用金石，则掌其令。”“职金”主“藏”，收纳、贮藏，其职责即藏金石于府库。在这里，金属质地本身并无抽象的形上寓意。

特别需要注意的是这样一段话，来自《春官宗伯》：“大师：掌六律、六同，以合阴阳之声。阳声：黄钟、大蔟、姑

① （汉）郑玄注，（唐）贾公彦疏，彭林整理：《周礼注疏》（下），上海古籍出版社 2010 年 10 月版，第 1595—1596 页。

洗、蕤宾、夷则、无射。阴声：大吕、应钟、南吕、函钟、小吕、夹钟。皆文之以五声：宫、商、角、征、羽。皆播之以八音：金、石、土、革、丝、木、匏、竹。教六诗，曰风，曰赋，曰比，曰兴，曰雅，曰颂；以六德为之本，以六律为之音。大祭祀：帅瞽登歌，令奏击拊；下管，播乐器，令奏鼓朄。大飨，亦如之。大射，帅瞽而歌射节。大师，执同律以听军声而诏吉凶。大丧，帅瞽而廞；作柩谥。凡国之瞽矇，正焉。"[①] 其中，"黄钟"虽"黄"，却无关于色。"黄钟"者，实为阳声之首。确切地说，黄钟，子之气也；大吕，丑之气也；大蔟，寅之气也；应钟，亥之气也；姑洗，辰之气也；南吕，酉之气也；蕤宾，午之气也；林钟，未之气也；夷则，申之气也；中吕，巳之气也；无射，戌之气也；夹钟，卯之气也。阴阳相合，合于时间秩序，以下类同于此。此段无关于视觉，因为，"此大师无目，于音声审，故使合六律六同及五声八音也"[②]。此言之所以重要，是因为它为我们提供了一种思维的目标——中国远古的礼仪是通过声音，通过听觉系统建构起来的，这与以视觉系统建构起来的礼仪制度有巨大的不同，固当

① （汉）郑玄注，（唐）贾公彦疏，彭林整理：《周礼注疏》（中），上海古籍出版社 2010 年 10 月版，第 876—884 页。

② （汉）郑玄注，（唐）贾公彦疏，彭林整理：《周礼注疏》（中），上海古籍出版社 2010 年 10 月版，第 877 页。

从听觉上来理解。换言之，所谓风雅颂赋比兴六诗之教，事实上皆循声音之道，而无关乎视觉。所以，即便金玉服典在中国古代先民的礼仪制度中始终存在，围绕着它们的五色之系亦非常重要，但“五色”并不是唯一的不可替代的表达方式，而只是中国古代先民礼仪制度中的一个侧面，向度之一种。

因此，“五色”作为《周礼》塑造其制度文化的一种有机组成部分，突出地表现出了其自身的完整性、和谐性。“五色”渗透着中国远古先民关于宇宙，尤其是关于天地四方的“整体”想象。通过《周礼》，我们可以确切地知道，在现实的形态上，是时，与五色之系对应者，与其说是五行，不如说是天地四方之宇宙论的整体图景。所谓《周礼》中的制度文化，实是从其宇宙论图景中翻转、衍生得来的。随着“五色”观念的深入人心，围绕着王权，言说权力的意识形态话语体系，也即制度文化被立体地多维地建构起来。“五色”虽为兆气，其所兆者也便不再是远古“人民”的个人命运，而事关国祚之威权，必须放在民族、国家的宏阔视野中去理解。

第二章
《春秋繁露》中的五色告

色，在现实的世界里，是一种权谋。庙堂是王权的象征符号，不只是某种经验的建筑形式及其空间存在，更是中国古代社会政治集权的编码、语言。文化是属于帝国的，自秦汉创立中央帝制以来，文化朝向庙堂，抑或来自庙堂，乃文化最为核心的本质，“五色”厕身其中。适逢其缘，“五色”正式成为一种被典型化的政治策略所利用的工具和附庸。“五色”之始终，意味着帝国王朝的兴废叠变，正如同五行运演，所给予社会秩序的建构者与解构者的蓄意编织的谶纬话语体系。《春秋繁露》的特殊性体现在，它是写给普天之下所有臣民的。《春秋繁露》期待视野中的预期读者，不是文本自觉的读者，而是每一位身在天下的合法臣民。是故，“五色”便如“昭告”一般，被张布在帝国的麾下，为权力张目，为江山悬榜，为统序代言。

第一节　权谋

五色作为一种权力的象征符号体系，具有威慑力是毫无疑问的。《三国志》曾言："太祖少机警，有权数，而任侠放荡，不治行业，故世人未之奇也；惟梁国桥玄、南阳何颙异焉。玄谓太祖曰：'天下将乱，非命世之才不能济也，能安之者，其在君乎！'年二十，举孝廉为郎，除洛阳北部尉，迁顿丘令，征拜议郎。"① 敲山震虎，设立威望，无可厚非。问题在于，怎么敲山怎么震虎，怎么设立威望而又让大家觉得无可厚非、水到渠成、顺理成章？南朝梁刘孝标注引《曹瞒传》曰："太祖初入尉廨，缮治四门。造五色棒，县门左右各十余枚，有犯禁，不避豪强，皆棒杀之。后数月，灵帝爱幸小黄门蹇硕叔父

① （西晋）陈寿，（东晋）裴松之注：《三国志·魏书·武帝纪》，中华书局 1971 年版，第 2 页。

夜行，即杀之。京师敛，莫敢犯者。”[①] 如何安民济世？恩泽浩荡没有问题，但“恩”的另一面是“威”——之于犯禁的豪强，尽数棒杀之。重点在于，刘孝标提示了我们，应当注意《曹瞒传》中的一个细节，也即这支棒是“五色”棒。李商隐《有感》即有句“苍黄五色棒，掩遏一阳生”[②]。讲的也是“五色棒”。后世常有称“水火棍”者，盖为五色棒之“后裔”。棒有“五色”，则命自天降，杀伐有礼有制，有理有力。权谋正是通过“五色”这一整体形象来体现的。

从《周礼》而《春秋繁露》，中国制度文化的历史演进迈出了关键性的一步，也即从理想的虚拟走向现实的设立。较言之，《周礼》更像是一种仰观俯察，在天地洪荒东西南北中来制定制度的理想主义者，期望塑造出一个完美的尧舜之君之时代，以及与之默契配合的属于尧舜的王朝，自上而下，皆具有尧舜的性质和色彩。《春秋繁露》不同，它所面向的是一位现实世界里的帝王（穷兵黩武的汉武帝以及远不及汉武帝的继任者）。天人纽带貌似并未断裂，但天人纽带实则被工具论化了，

---

① （西晋）陈寿，（东晋）裴松之注：《三国志·魏书·武帝纪》，中华书局1971年版，第3页。

② （唐）李商隐，（清）朱鹤龄笺注，田松青点校：《李商隐诗集》，上海古籍出版社2015年6月版，第142页。

"天"成了帝王确立其自身合法性的"传声筒"。这一倾向用一句话来概括，也即"王者必受命而后王"。"王者受命而王"，"王"，首先是一个动词，与此同时，又是一个名词。所以，"受命"二字，是带有实用主义倾向的，尤其是在"穷途末路"之后，"开天辟地"之初，受不受命，由谁来受命，何时受命，怎么受命，皆无理性之依据，除谶纬外，"受命"二字，无法得到实质证明。

在《春秋繁露》中，《三代改制质文》里有一条最为核心的命题——"王正月"。其曰："王者必受命而后王。王翥和改正朔，易服色，制礼乐，一统于天下，所以明易姓，非继人，通以已受之于天也。王者受命而王，制此月以应变，故作科以奉天地，故谓之王正月也。"①

在王者受命，获得了一定的现实基础之后，他首先要做的就是"改正朔，易服色，制礼乐，一统于天下"。改易是改易，立制是立制，统一是统一，原本并无交集，但在"一""统"的原则下，成了近义词，乃至同类项。三者在如是语境下，具有类似性、同一性。为什么？因为律历是为新朝而改的，服色是为新朝而易的，礼乐是为新朝而立的。这个世界无所谓永

① （汉）董仲舒：《春秋繁露·三代改制文第二十三》，上海古籍出版社1989年9月版，第41页。

恒，无所谓绝对，无所谓不朽，而要与时生息，与时俱进——儒法并置，以法来贯彻儒，实成其“术”化的传统。为了实现这一点，文化是被规训的，实用主义充斥于表象，绝对的真理缺失，信仰坍塌、矮化。

在如是封建王朝的各种统治活动中，“色”，俨然成了关键性的一环，尤其是“服色”。现代西方有“肤色主义”，古代中国却有“服色主义”。何谓“服色”？符号。符号的意义由人，由现实的人赋予、给予。这样一种赋予、给予，用一个理论术语来概括，即“正色”。

《三代改制质文》曰：

> 王者改制作科奈何？曰：当十二色，历各法而正色，绌三之前曰五帝，帝迭首一色，顺数五而相复，咸作国号，迁宫邑，易官名，制礼作乐。故汤受命而王，应天变夏作殷号，时正白统。亲夏故虞，绌唐谓之帝尧，以神农为赤帝。作宫邑于下洛之阳，名相官曰尹。作汉乐，制质礼以奉天。文王受命而王，应天变殷作周号，时正赤统。亲殷故夏，绌虞谓之帝舜，以轩辕为黄帝，推神农以为九皇。作宫邑于丰。名相官曰宰。作武乐，制文礼以奉天。武王受命，作宫邑于，制爵五等，作象乐，继文以奉天。周公辅成王受命，作宫邑于洛阳，成文武之制，作汋乐以

奉天。殷汤之后称邑，示天之变反命。故天子命无常。唯命是德庆。故《春秋》应天作新王之事，时正黑统。王鲁，尚黑，绌夏，亲周，故宋。乐宜亲招武，故以虞录亲，乐制宜商，合伯子男为一等。然则其略说奈何？曰：三正以黑统初。正日月朔于营室，斗建寅。天统气始通化物，物见萌达，其色黑。故朝正服黑，首服藻黑，正路舆质黑，马黑，大节绶帜尚黑，郊牲黑，冠于阼，昏礼逆于庭，丧礼殡于东阶之上。祭牲黑牡，乐器黑质。法不刑有怀任新产，是月不杀。听朔废刑发德，具存二王之后也。亲赤统，故日分平明，平明朝正。正白统奈何？曰：正白统者，历正日月朔于虚，斗建丑。天统气始蜕化物，物始芽，其色白，故朝正服白，首服藻白，正路舆质白，大节绶帜尚白，旗白，大宝玉白，郊牲白，牺牲角茧。冠于堂，昏礼逆于堂，丧事殡于楹柱之间。祭牲白牡，荐尚肺。乐器白质。法不刑有身怀任，是月不杀。听朔废刑发德，具存二王之后也。亲黑统，故日分鸣晨，鸣晨朝正。正赤统奈何？曰：正赤统者，历正日月朔于牵牛，斗建子。天统气始施化物，物始动，其色赤，故朝正服赤，首服藻赤，正路舆质赤，马赤，大节绶，帜尚赤，旗赤，大宝玉赤，郊牲，牺牲角栗。冠于房，丧礼殡于西阶之上。祭牲牡，荐尚心。乐器赤质。法不刑有身，重怀藏以养

> 微，是月不杀。听朔废刑发德，具存二王之后也。亲白统，故日分夜半，夜半朝正。改正之义，奉元而起。古之王者受命而王，改制称号正月，服色定，然后郊告天地及群神，远追祖安道尔，然后布天下。诸侯庙受，以告社稷宗庙山川，然后感应一其司。三统之变，近夷遐方无有，生煞者独中国。而三代改正，必以三统天下。曰：三统五端，化四方之本也。天始废始施，地必待中，是故三代必居中国。法天奉本，执端要以统天下，朝诸侯也。是以朝正之义，天子纯统色衣，诸侯统衣缠缘纽，大夫士以冠，参近夷以绥，遐方各衣其服而朝，所以明乎天统之义也。其谓统三正者，曰：正者，正也，统致其气，万物皆应，而正统正，其余皆正，凡岁之要，在正月也。法正之道，正本而末应，正内而外应，动作举错，靡不变化随从，可谓法正也。[①]

其中，有几处细节尤其值得深省。第一，“天子命无常，唯命是德庆”。当“无常法”为“常法”时，解构的不仅是过去的天子，也是当下的天子和未来的天子，解构的是天子的绝

---

① （汉）董仲舒：《春秋繁露·三代改制文第二十三》，上海古籍出版社1989年9月版，第41—42页。

对存在依据。在这样一种逻辑里，天子及其百姓，只可唯“命”是从。它会带来一种后果，即解释“大于”创造。人在天命中，想要的不是认知而是预知，以及对未知之命的载体、符号的各种解释。人的主体性在宿命论的框架中，事实上被放大了。解释的话语体系越丰富越好，而不是越唯一越好。第二，“古之王者受命而王，改制称号正月，服色定，然后郊告天地及群神，远追祖安道尔，然后布天下”。正月为什么叫作“正月”？这是用来确立权力身份的“手段”，“正”是一个动词。“服色”是紧随其后的，在“改正朔”“易服色”中出现过一次，这里再次出现，说明“服色”是仅次于时间的“统治”策略，这条策略是被写定而不容改易的。“服色”的确定甚至早于“郊告天地及群神，远追祖安道尔”，先尽人事，再周天命，与《周礼》之序刚好相反。第三，“正者，正也，统致其气，万物皆应，而正统正，其余皆正，凡岁之要，在正月也。法正之道，正本而末应，正内而外应，动作举错，靡不变化随从，可谓法正也”。一方面，董仲舒作为汉人，“气”本论的基调固然明显。“气”，仍旧是统民之先的关键基础。另一方面，“正”是需要有“应”的。“正”是现实之“正”，它不抽象，不是纯粹独立的理念，它需要现实地回应和反响。综上所述，“五色”是帝王为了谋求现实统治的便利，当下使用的权谋。今天，带有科学的精神和目光的我们，必须对其进行批判性地理解。

在此基础上我们发现，前文曾述及在《周礼》中，“五色”出现的频率是均衡的。而在《春秋繁露》中，有一个不得不提的现象，那便是五色所出现的频率严重失衡。青最少，只出现了4次，最多的是白，出现了41次，具体用法包括“黑白”之“白”，“白衣”之“白”，“白服”之“白”，“明白”之“白”，“白发”之“白”，“白虎”之“白”，“白金”之“白”，“白牡”之“白”，“白色”之“白”，“白牲”之“白”，“白玉”之“白”，“白缯”之“白”，“白龙”之“白”等。其中，最引人注目的应当是频次最高的“黑白”之“白”。如《楚庄王》云：“有知其厚厚而薄薄，善善而恶恶也，有知其阳阳而阴阴，白白而黑黑也。百物皆有合偶，偶之合之，仇之匹之，善矣。”①《王道》云：“桀纣皆圣王之后，骄溢妄行……夺民财食，高雕文刻镂之观，尽金玉骨象之工，穷白黑之变。”②《保位权》云：“于声无小而不取，于形无小而不举。不以着蔽微，不以众掩寡，各应其事以致其报。黑白分明，然后民知所去

---

① （汉）董仲舒：《春秋繁露·楚庄王第一》，上海古籍出版社1989年9月版，第10页。

② （汉）董仲舒：《春秋繁露·王道第六》，上海古籍出版社1989年9月版，第25页。

就，民知所去就，然后可以致治，是为象则。”[①] 《五行五事》云：“言曰从，视曰明，明者知贤不肖，分明黑白也。”[②] 以及“夏至之后，大暑隆，万物茂育怀任，王者恐明不知贤不肖，分明白黑。”[③] 共五处。汉代是一个阴阳五行观极盛，而气本论大流行的时代，然而在这五处里，作为阴阳之黑白仅只出现了一次——“有知其厚厚而薄薄，善善而恶恶也，有知其阳阳而阴阴，白白而黑黑也。”而且，即便是这一次，黑与白的实际所指与阴阳也只是切近，并无实际关联。此外，除了另一处描述金玉刻镂之“白黑之变”外，所剩三者一律指称的是“分明黑白”的“黑白”，确切地说，指称的是“明者知贤不肖”的社会抉择、道德判断。这意味着，所谓“黑白”之辨，其最终目的，是要教人“明白”。

何谓“明白”？因显而明，因明而白，因白而显。《楚庄王》曰：“今天大显已，物袭所代而率与同，则不显不明，非天志。故必徙居处、更称号、改正朔、易服色者，无他焉，不

① （汉）董仲舒：《春秋繁露·保位权第二十》，上海古籍出版社 1989 年 9 月版，第 39 页。

② （汉）董仲舒：《春秋繁露·五行五事第六十四》，上海古籍出版社 1989 年 9 月版，第 81 页。

③ （汉）董仲舒：《春秋繁露·五行五事第六十四》，上海古籍出版社 1989 年 9 月版，第 81 页。

敢不顺天志而明白显也。”[①] 这句话有一个极为重要的“枢纽”，那便是“今天”。它所描述的不是“真理”，而是“今天”。因为“今天大显已”，所以就要强化这种“显”，否则“不显不明，非天志”也。如何强化？“故必徙居处、更称号、改正朔、易服色者”也。最后一句是理论的提升，亦有不得不为之的被迫和勉强，“无他焉，不敢不顺天志而明白显也”。“勉为其难”“迎难而上”，不过是统治者登上权力的顶端时，所寻求的众星拱月的安全感、围护感。所以，《春秋繁露》里没有哲学，没有思辨，其所有的，只是为了维护现实统治而设计的权谋与策略。

有趣的是，接续上文的是这样一段话：“若夫大纲、人伦、道理、政治、教化、习俗、文义尽如故，亦何改哉？故王者有改制之名，无易道之实。孔子曰：‘无为而治者，其舜乎！’言其主尧之道而已。此非不易之效与？问者曰：物改而天授显矣，其必更作乐，何也？曰：乐异乎是。制为应天改之，乐为应人作之。彼之所受命者，必民之所同乐也。是故大改制于

① （汉）董仲舒：《春秋繁露·楚庄王第一》，上海古籍出版社 1989 年 9 月版，第 11 页。

初，所以明天命也。”[①] 真可谓费尽思量。一方面，董仲舒强调“有改制之名，无易道之实”，留下了崇实论的“借口”；另一方面，又大肆宣扬“乐异乎是”的逻辑，为维护现实政权的自行改易寻找逻辑依据。合并言之，即便《春秋繁露》是一种有效的权谋与策略，也仅适用于初建的辉煌帝国，纵观中国古代史，惟西汉之初年而已，这也就解释了，为何这世间再无董仲舒，再无《春秋繁露》。

无论如何，经过《春秋繁露》的“推求”和“厘定”，“五色”系统已在实用主义中丧失了其与生俱来的整体性原则，亦不再是人们认知世界、理解世界、解读世界的可靠依据或条件，前设图式或模型。“五色”只是一种维护现实制度，牵强附会的政治手段，也必然遭到后来者的激烈否定与解构。

① （汉）董仲舒：《春秋繁露·楚庄王第一》，上海古籍出版社 1989 年 9 月版，第 11 页。

第二节　合法性

屈原的《远游》有句话说："驾八龙之婉婉兮，载云旗之逶蛇。建雄虹之采旄兮，五色杂而炫耀。"① 龙乃坐骑，原始的图腾多为坐骑，所谓插在坐骑车舆上的"采旄"，指的正是用旄牛尾装饰的彩旗。彩旗上，"五色"杂陈错落，光彩夺目而得以"炫耀"。

值得注意的细节是，"炫耀"一词，是专门针对"色"而言的，"形"，无所谓"炫耀"，只有"色"，才有所谓"炫耀"。这一点，可见于《汉书·司马相如传》的颜师古注。这是为什么？"形""色"究竟有何区别？"色"比"形"多出的那一特殊的部分，在于"色"有光。"色"不仅有其自身的饱和度，而且还有"形"所不具备的亮度，对象的光感是"色"赋

---

① （战国）屈原，董楚平撰：《楚辞译注》，上海古籍出版社 1986 年 4 月版，第 202 页。

予的。

回到屈原的诗句上来看，其诗句起码向我们传递了以下信息，一方面，“五色”的本义中，必然含有“彰显”“昭彰”的成分，乃至“炫耀”权力的“气势”。另一方面，“五色”作为一种象征性的表达，与车驾、辇舆等移动“设备”密不可分，它通常会以旗帜的方式出现在世人面前，“宣誓”主体正在享有权力。所以，曹唐有诗《汉武帝将候西王母下降》：“昆仑凝想最高峰，王母来乘五色龙。”① 宋代的可旻还写过一首《渔家傲》，其中有句“十八大贤居会下。功成五色云西驾。诸上善人都在那。相迎迓。聚头只说无生话”②，更刻画出了功成者驾驭五色云自天而降的场景。

与之相应，来自“上峰”“皇庭”的诏诰，通常是由五色书写的，如张南史《奉酬李舍人秋日寓直见寄》：“秋日金华直，遥知玉佩清。九重门更肃，五色诏初成。”③ 王维《上张

① （唐）曹唐，周振甫主编：《唐诗宋词元曲全集》（《全唐诗》第12册卷640），黄山书社1999年1月版，第4756页。

② （宋）可旻，周振甫主编：《唐诗宋词元曲全集》（《唐宋全词》第7册），黄山书社1999年1月版，第2718页。

③ （唐）张南史，周振甫主编：《唐诗宋词元曲全集》（《全唐诗》第6册卷296），黄山书社1999年1月版，第2211页。

令公》：“市阅千金字，朝闻五色书。致君光帝典，荐士满公车。”[①] 窦常《奉贺太保岐公承恩致政》：“五色诏中宣九德，百僚班外置三师。”[②] 黄滔《喜侯舍人蜀中新命三首》（其一）：“五色彩毫裁凤诏，九重天子豁龙颜。”[③] 这意味着，昭告、诏诰，与五色有着不解之缘。换句话说，五色之所以存在，起码在某种特殊的语境里，与帝王庙堂的合法性建立有着密不可分的联系。

五行五色作为一种均衡的运行法则，之于庙堂而言，事实上，是有所选择，有所取舍，有所趋向的。《服制像》曰：“天地之生万物也以养人，故其可适者以养身体，其可威者以为容服，礼之所为同也。剑之在左，青龙之象也。刀之在右，白虎之象也。韨之在前，朱鸟之象也。冠之在首，玄武之象也。四者，人之盛饰也。夫能通古今，别然不然，乃能服此也。盖玄武者，貌之最严有威者也，其像在后，其服反居首，武之至而不用矣。圣人之所以超然，虽欲从之，末由也已。夫执介胄而

---

① （唐）王维，周振甫主编：《唐诗宋词元曲全集》（《全唐诗》第 3 册卷 127），黄山书社 1999 年 1 月版，第 900 页。

② （唐）窦常，周振甫主编：《唐诗宋词元曲全集》（《全唐诗》第 5 册卷 271），黄山书社 1999 年 1 月版，第 2009 页。

③ （唐）黄滔，周振甫主编：《唐诗宋词元曲全集》（《全唐诗》第 13 册卷 705），黄山书社 1999 年 1 月版，第 5235 页。

后能拒敌者，故非圣人之所贵也。君子显之于服，而勇武者消其志于貌也矣。故文德为贵，而威武为下，此天下之所以永全也。”[①] 首先，“其可适者以养身体，其可威者以为容服，礼之所为同也”，充分暴露出封建统治者的抚民之策。精神缺失，身体与容服把人生“二元论”化的同时，强化了人之为主体的象征性和限度。一方面，天人相副，养生实为循序，另一方面，容服是被外在规定的，主体也便因其被象征化、符号化而被格式化，更为“有限”了。其次，《春秋繁露》之于青龙、白虎、朱雀、玄武的解释是充满了暴力倾向的。“剑之在左，青龙之象也。刀之在右，白虎之象也。韨之在前，朱鸟之象也。冠之在首，玄武之象也。”刀剑对应于身体，韨冠对应于容服，依旧秉持着“二元论”的思路，而在这一思路上，刀剑之血腥，之酷烈，是被合法化了的，理所当然的。“人之盛饰”，莫过于通过暴力获取权力的“尘嚣”。最终，在青龙、白虎、朱雀、玄武中，董仲舒显然更推崇北之玄武。“盖玄武者，貌之最严有威者也，其像在后，其服反居首，武之至而不用矣。”秦汉作为中央帝国的开创者，崇拜战争武力的征服乃其不证自明的施政方针，虽然这一原则中预留了君子的存在价

---

① （汉）董仲舒：《春秋繁露·服制像第十四》，上海古籍出版社 1989 年 9 月版，第 34 页。

值，究竟是在追求勇武。可问题在于，如是合法性究竟是由谁来赋予的？

我们发现，董仲舒善言受命于天，但天命如何授予人，却被转换为一种知识论背景，引而不发。《五行五事》曰："王者能知，则知善恶，知善恶则夏气得，故哲者主夏。夏阳气始盛，万物兆长，王者不掩明，则道不退塞。而夏至之后，大暑隆，万物茂育怀任，王者恐明不知贤不肖，分明白黑。于时寒为贼，故王者辅以赏赐之事，然后夏草木不霜，火炎上也。夏行春政，则风；行秋政，则水；行冬政，则落。夏失政，则冬不冻冰，五谷不藏，大寒不解。"① 此处，以"主夏"为认知的首要对象，与当时流行的中医理论相互吻合。春夏秋冬四季，夏是最喧嚣、最热烈，也最复杂、最难以用简易的理性去把握的季节，因此，对个人的身体机能而言，夏是自我调理的最佳时机，对王朝的协调运作而言，夏是分明赏罚的上好际遇。如果错位，"夏行春政，则风；行秋政，则水；行冬政，则落。夏失政，则冬不冻冰，五谷不藏，大寒不解"，所以《五行逆顺》曰："火者夏，成长，本朝也。"

不过，在董仲舒所设计的宇宙蓝图中，其全局的能动机制

---

① （汉）董仲舒：《春秋繁露·五行五事第六十四》，上海古籍出版社1989年9月版，第81—82页。

却是“王者能知”。“王者能知”，实为宇宙所有作为的触发点。如果王者不能知、无知，抑或知之有限，臣无法规约，民无法起诉。这意味着，面对已然写定的宇宙运行轨范，主体只能是王者的自觉与自知。换句话说，王者确立自身的合法性将由其自身的抉择能力来奠基。所以，《五行五事》有言：“五事，一曰貌，二曰言，三曰视，四曰听，五曰思。何谓也？夫五事者，人之所受命于天也，而王者所修而治民也。故王者为民，治则不可以不明，准绳不可以不正。王者貌曰恭，恭者敬也。言曰从，视曰明，明者知贤不肖，分明黑白也。听曰聪，聪者能闻事而审其意也。思曰容，容者言无不容。恭作肃，从作，明作哲，聪作谋，容作圣。何谓也？恭作肃，言王者诚能内有恭敬之姿，而天下莫不肃矣。从作，言王者言可从，明正从行而天下治矣。明作哲，哲者知也，王者明则贤者进，不肖者退，天下知善而劝之，知恶而耻之矣。聪作谋，谋者谋事也，王者聪则闻事与臣下谋之，故事无失谋矣。王者心宽大无不容，则圣能施设，事各得其宜也。”[①] 五色固然重要，但有比五色更重要的角色，即“明”。此“明”的发端不是光，而是王者的施设，“明”凌驾于五色之上。这一点，正是五色必然

---

① （汉）董仲舒：《春秋繁露·五行五事第六十四》，上海古籍出版社1989年9月版，第81页。

朝向光明的理性依据。如《王道》所言：“《春秋》何贵乎元而言之？元者，始也，言本正也。道，王道也。王者，人之始也。王正则元气和顺、风雨时、景星见、黄龙下。王不正则上变天，贼气并见。”① 王正，则风调雨顺，王不正，则风云突变。《深察名号》曰：“深察王号之大意，其中有五科：皇科、方科、匡科、黄科、往科。合此五科，以一言谓之王。王者皇也，王者方也，王者匡也，王者黄也，王者往也。是故王意不普大而皇，则道不能正直而方；道不能正直而方，则德不能匡运周遍；德不能匡运周遍，则美不能黄；美不能黄，则四方不能往；四方不能往，则不全于王。故曰：天覆无外，地载兼爱，风行令而一其威，雨布施而均其德。王术之谓也。”② 皆为此意。为此，“王术”二字，道尽了中国古代封建帝王的共通本质和特性。

只有在“王术”的基础上，五行乃至五色才是可以想象的。《治水五行》曰：“日冬至，七十二日木用事，其气燥浊而青。七十二日火用事，其气惨阳而赤。七十二日土用事，其气湿浊而黄。七十二日金用事，其气惨淡而白。七十二日水用

---

① （汉）董仲舒：《春秋繁露·王道第六》，上海古籍出版社 1989 年 9 月版，第 25 页。

② （汉）董仲舒：《春秋繁露·深察名号第三十五》，上海古籍出版社 1989 年 9 月版，第 60 页。

事，其气清寒而黑。七十二日复得木。木用事，则行柔惠，挺群禁。至于立春，出轻击，去稽留，除桎梏，开门阖，存幼孤，矜寡独，无伐木。火用事，则正封疆，循田畴。至于立夏，举贤良，封有德，赏有功，出使四方，无纵火。土用事，则养长老，存幼孤，矜寡独，赐孝弟，施恩泽，无同土功。金用事，则修城郭，缮墙垣，审群禁，饬甲兵，警百官，诛不法，存长老，无焚金石。水用事，则闭门闾，大搜索，断刑罚，执当罪，饬关梁，禁外徙，无决堤。”① 三百六十日，共为一年。木青、火赤、土黄、金白、水黑。在这里，用事与人的作为一一对应：木用事，无伐木；火用事，无纵火；土用事，无同土功；金用事，无焚金石；水用事，无决堤。“用事”之义，即为执政、当权。当木、火、土、金、水担任“轮值”主席时，维护的是其自身的价值体系。五色的确立，仍旧与“气”有关，然而此时之“气”，已然愈加抽象。“阳清阴浊”“燥浊而青”“惨阳而赤”“湿浊而黄”“惨淡而白”“清寒而黑”的背后，是“用事”与否的权力安排。

《五行对》有言：“河闲献王问温城董君曰：‘《孝经》曰：夫孝，天之经，地之义。何谓也？’对曰：‘天有五行，木火土

---

① （汉）董仲舒：《春秋繁露・治水五行第六十一》，上海古籍出版社1989年9月版，第79—80页。

金水是也。木生火，火生土，土生金，金生水。水为冬，金为秋，土为季夏，木为春。春主生，夏主长，季夏主养，秋主收，冬主藏。藏，冬之所成也。是故父之所生，其子长之；父之所长，其子养之；父之所养，其子成之。诸父所为，其子皆奉承而续行之，不敢不致如父之意，尽为人之道也。故五行者，五行也。由此观之，父授之，子受之，乃天之道也。故曰：夫孝者，天之经也。此之谓也。’王曰：‘善哉。天经既得闻之矣，愿闻地之义。’对曰：‘地出云为雨，起气为风。风雨者，地之所为。地不敢有其功名，必上之于天。命若从天气者，故曰天风天雨也，莫曰地风地雨也。勤劳在地，名一归于天，非至有义，其孰能行此？故下事上，如地事天也，可谓大忠矣。土者，火之子也。五行莫贵于土。土之于四时无所命者，不与火分功名。木名春，火名夏，金名秋，水名冬。忠臣之义，孝子之行，取之土。土者，五行最贵者也，其义不可以加矣。五声莫贵于宫，五味莫美于甘，五色莫盛于黄，此谓孝者地之义也。’王曰：‘善哉！’”① 如是五行之序的特异之处在哪里？这显然是一种被人格化、拟人了的“五行”，且不谈其间彼此之关系强调相生而忽略相克，亦不谈此处之五行被强

① （汉）董仲舒：《春秋繁露·五行对第三十八》，上海古籍出版社 1989 年 9 月版，第 63—64 页。

行分出了天地上下，仅就“生”之关系的落实而言即可知，所谓的“生”已然被具体化为人之生，确切地说，为父子相续之关系，与统治者子嗣传承血脉的宗法逻辑完全吻合。从五行推衍至于忠孝，更是在为现行统治者“背书”“站队”“服务”。“诸父所为，其子皆奉承而续行之，不敢不致如父之意，尽为人之道也。”人之道者，不过是奉承而续行，不得有半点违拗和叛逆、质疑，在这一条件下，受命于天的人之生演化为受命于父的子之生。家族的概念及其温情被套用，其目的不过是利用“道德绑架”，推行权力乃至暴力。

无论如何，除了树立帝王皇权凌驾于人民之上的统摄力与威权，董仲舒似乎并没有提供给其帝国话语体系以合法的理论辨析，他只颁布了经他改写的话语结构，把“改易”树立为立论的历史基点，让“效忠”成为推论的内在逻辑。这样一套话语系统的建构，在实质上掠夺、榨取了基于个人的思考空间，以致于魏晋士子激辩玄学，形成了强烈的精神震颤与反弹，从而激化社会矛盾，为外来异族、宗教“征服”中土埋下了先在的心理伏笔。中国古代社会直至宋代理学之兴起，才在真正意义上对此做出深刻反省。不过彼时，历史的车轮已碾过了千年的岁月。

第三章

《山海经》中的五色绕

在中国上古时期的宇宙观中，天下是一个五彩斑斓的世界，人类在寻找五色的同时，也被五色环绕。五色不仅仅是人以视觉经验认知世界的结果，也是人实现其自身存在价值的文明密码与文化依托。在先民们的现实生活里，金属、玉石乃财富之源泉，五色是勘探金石的线索；丹药乃养生之道中的首要秘诀，五色是寻绎其踪的路径；先民旖旎而瑰丽的想象，附着在动植物的身上，更成就了其内心崇拜五色，神化五色的心理基础。《山海经》与其说是一部无法用逻辑规约的语言汇编的神话记忆，不如说是一张以五色为纹理，超越于语言，乃至积淀着人类前语言之思的网络地图。面对这张地图，当下言语的解释与论证总是苍白无力的。饱含意趣的探问乃至猎奇，绵延了数千年，潜藏在中国人的内心，激发出无数艺术创造的灵感。

第一节　金玉章

五色与方位，素来有耦合，有骈对，有彼此的呼应。元稹《代曲江老人百韵》便有句："万方来合杂，五色瑞轮囷。"[①]"囷"，指的是圆形谷仓，同样是积聚、聚拢的意思。五色与五方乃至万方相对，从边缘向中心齐聚而来。然而值得思考的是，与五色相对的五方乃至万方，那个具体的地方，具体的内容是什么？那个地方究竟有什么特殊的物什值得用五色来描述？《山海经》或许能够帮助我们解开谜题。

在《山海经》中，五色作为修饰语，修饰的数量最为密集、最为突出、最为庞大的对象和"族群"，不是动物，不是植物，不是器物，而是矿物质，是当地的金属、玉器。所以，五色与金、玉的铸造有着极为密切的联系，五色者，可谓金

① （唐）元稹，周振甫主编：《唐诗宋词元曲全集》（《全唐诗》第 8 册卷 405），黄山书社 1999 年 1 月版，第 2951 页。

玉章。

例如“青碧”。《西山经》：“又西百五十里曰高山，其上多银，其下多青碧、雄黄，其木多椶，其草多竹。”① “青碧”之“碧”，即玉石。“椶”这个字，同于“棕”。《西山经》中的这句话，意思是说，再往西的一百五十里处，有一座高山，山上有银矿，山下有青碧、雄黄等矿石，当地的木本植物多为棕，草本植物多为竹。这句话显然是在为认知乃至开发、发掘矿藏服务，方位、距离、植被，皆可视为开发、发掘矿藏的“路标”来参考，来使用。

“青碧”一词，不仅在《西山经》“高山”条中有所提及，在整部《山海经》中，一共出现了九次。在数据上，与之进行比较，整部《山海经》中，“美玉”一词，只出现了十二次。所以，“青碧”出现的频率可谓相当之高。此类反复出现的词语究竟有没有实际存在的依据？会不会只是一种无稽之谈的杜撰，乃子虚乌有？不妨把这九条罗列于此。

除了上引一条外，关于“青碧”的条目还有：

1.《西山经》：

---

① 袁珂注：《山海经全译》，北京联合出版公司 2016 年 10 月版，第 26 页。

“泾水出焉，而东流注于渭，其中多磬石、青碧。”①

2.《北山经》：

“又北三百里，曰带山，其上多玉，其下多青碧。有兽焉，其状如马，一角有错，其名曰臛疏，可以辟火。有鸟焉，其状如乌，五彩而赤文，名曰鵸鵌，是自为牝牡，食之不疽。彭水出焉，而西流注于芘湖之水，其中多儵鱼，其状如鸡而赤毛，三尾、六足、四首，其音如鹊，食之可以已忧。”②

3.《北山经》：

“又北二百里，曰少咸之山，无草木，多青碧。有兽焉，其状如牛，而赤身、人面、马足，名曰窫窳，其音如婴儿，是食人。敦水出焉，东流注于雁门之水，其中多䲃䲃之鱼，食之杀人。”③

4.《北山经》：

“又北二百里，曰狐岐之山，无草木，多青碧。胜水出焉，

---

① 袁珂注：《山海经全译》，北京联合出版公司 2016 年 10 月版，第 26 页。

② 袁珂注：《山海经全译》，北京联合出版公司 2016 年 10 月版，第 53 页。

③ 袁珂注：《山海经全译》，北京联合出版公司 2016 年 10 月版，第 55 页。

而东北流注于汾水，其中多苍玉。”①

5.《北山经》：

“又东二百里，曰虫尾之山，其上多金玉，其下多竹，多青碧。丹水出焉，南流注于河。薄水出焉，而东南流注于黄泽。”②

6.《北山经》：

“又北百里，曰绣山，其上有玉、青碧，其木多栒，其草多芍药、芎䓖。洧水出焉，而东流注于河。其中有鳠、黾。”③

7.《北山经》：

“又北五百里，曰碣石之山。绳水出焉，而东流注于河，其中多蒲夷之鱼。其上有玉，其下多青碧。”④

8.《东山经》：

“又南三百里，曰栒状之山，其上多金玉，其下多青碧石。

---

① 袁珂注：《山海经全译》，北京联合出版公司 2016 年 10 月版，第 63 页。

② 袁珂注：《山海经全译》，北京联合出版公司 2016 年 10 月版，第 68 页。

③ 袁珂注：《山海经全译》，北京联合出版公司 2016 年 10 月版，第 69—70 页。

④ 袁珂注：《山海经全译》，北京联合出版公司 2016 年 10 月版，第 71 页。

有兽焉，其状如犬，六足，其名曰从从，其鸣自詨。有鸟焉，其状如鸡而鼠毛，其名曰蚩鼠，见则其邑大旱。况水出焉，而北流注于湖水。其中多箴鱼，其状如儵，其喙如箴，食之无疫疾。”①

由此可知，首先，“青碧”的出处，并无绝对方位感，东方青龙，但金玉的出土地却并不仅限于东方，东西南北，皆有可能，这足以说明，《山海经》的描述是一种科学的现实的描述，而不是神学精神化的理想主义的设定。其次，“青碧”的出处，大多位于水出之地，“青碧”所在的位置，多与河流的出水口有关。换句话说，“青碧”之出，与泉有关。这正符合五行中“金生水”的相生之理。第三，“青碧”的出处，或可在“上”，在“阳”，但多在“下”，多在“阴”处。这意味着，“青碧”经历的“时长”更有“历史感”。“土生金”，生“青碧”之“土”，更为悠久。第四，“青碧”的出处，多与“玉”伴生，如是常见的碧玉“结构”，往往为上有玉石，而下有“青碧”。因此，金玉金玉，金与玉，有不解之缘，这从其产地的分布上便足以可见。最终，“青碧”的出处，或有草木，或无草木，无草木者居多，可知“青碧”的探掘，与地表的呈像

① 袁珂注：《山海经全译》，北京联合出版公司 2016 年 10 月版，第 81 页。

没有直接关联。综上所述，通过以上五条规律可见，“青碧”的存在是客观的、现实的，《山海经》所言的内在逻辑，并不是无稽之谈、子虚乌有所能笼统否定的。

更进一步而言，仍旧以数据的当量来计算，整部《山海经》中，“赤金”出现过13次，“白金”出现过八次，“黄金”出现过31次。因此，结合“青碧”“赤金”“白金”“黄金”四者可知，可见的带有色彩的金属类矿物共有六十五处之多。可见的带有色彩的金属类矿物如此密集地出现，绝非偶然。这意味着，在《山海经》成书的年代里，中国古代先民正在大规模地有组织地在“世界”各地探测、开采金属，“开矿”是那个时代的主题。

在这里，我们附带说明的是，至于广义上的“玉”石，整部《山海经》中，共出现过249次，是狭义的金属类矿物石料的将近4倍。这是一个极为显著的“天文数字”。“黑”作为五色之一，在《山海经》中只出现了61次，占比几乎不足其他四色各色的二分之一（青116次，赤167次，白148次，黄134次）。四色各色多出的那近乎一倍的数据，大多跟金属矿石有关。因此，如果说《山海经》中的世界是一个五彩斑斓的世界，那么，其时所绽放出的五色光彩，大多数是来自时人所探掘的金属矿石发出的光彩。

这一点必须加以强调。如果我们把五色还原为一种光学概念的话，它们是矿石所发出的光芒。它们不仅仅是天上的令人晕眩的日月、星辰、云霞的光芒，不仅是人文初祖总结的四象、五行、八卦所蕴含的图腾印象，它们还是中国古代远古先民们在生产生活中所具体利用过的金属、玉器的光泽乃至纹理。五色不完全是一种文化的想象，而是活生生的具体的生产生活经验的反映。

第二节　丹药引

从原始形态上来看，五色首先与“石”有关。《淮南子·览冥训》（卷六）：“往古之时，四极废，九州裂，天不兼覆，地不周载，火烂炎而不灭，水浩洋而不息，猛兽食颛民，鸷鸟攫老弱。于是女娲炼五色石以补苍天，断鳌足以立四极，杀黑龙以济冀州，积芦灰以止淫水。苍天补，四极正，淫水涸，冀州平，狡虫死，颛民生。背方州，抱圆天，和春阳夏，杀秋约冬，枕方寝绳，阴阳之所壅沈不通者，窍理之；逆气戾物、伤民厚积者，绝止之。”① 这样一段文献，不能仅仅当作神话来看待，而应当被视作现实的缩影。这段话不是关于彼岸世界的构想，而是对此岸世界的描摹。彼岸世界天圆地方，周流不息，是一个平和而安稳的理想世界，问题在于，这个理想的世

① （唐）欧阳询：《艺文类聚》卷11《帝王部一》，上海古籍出版社1982年1月版，第208页。

界被打破了、被破坏了，这个世界变得“现实”起来了。女娲补天，是一个英雄的故事，但却不是一个造物主的故事，女娲并没有制造灾难本身，她只是在弥补错误，这是一个弥补错误的故事。怎么弥补？五色石就显得极为关键。女娲是在用五色石补天，女娲固然还做了许多其他工作，但这些工作都是围绕着补天展开的。女娲首先要补天，才能谈得上立极、杀龙、止水。

在这一神话原型中，一方面五色作为一种喻象，是属天的。五色是有光的，炫耀于天地的，是天象华彩。另一方面，五色石才是女娲提炼的结果，女娲炼石补天，不是随便在地上捡起一块石头补天，补天之石是经过提炼的，只有经过了提炼才适用。换句话说，只有这块石头具有了五色的形态，才能够被用来补天。这样一种逻辑，可谓与道教的炼丹之术颇有暗合。难怪韩琮《兴平县野中得落星石移置县斋》有句曰：“何时成五色，却上女娲天。”[①] 如果成不了五色，也就上不了女娲天。虽然这只是小说家笔下的神学道理，却也向我们昭示了五色之于女娲补天的实际意义。

继而可知，在道教的修仙实践里，丹药亦是五色的。曹丕

---

① （唐）韩琮，周振甫主编：《唐诗宋词元曲全集》（《全唐诗》第11册卷565），黄山书社1999年1月版，第4260页。

有一首诗，叫作《折杨柳行》，其中就有句："西山一何高，高高殊无极。上有两仙僮，不饮亦不食。与我一丸药，光耀有五色。服药四五日，身体生羽翼。"① 类似的游仙诗里，经常会出现极、食、色、翼、亿、识等数韵，丹药、药丸是魏晋士子们飞升浮云四海的可靠依据，这样一粒丸药，在文化的先验假设里，是光耀五色的。有了它，人可以忽略来自日常世界的世俗饮食，服用它，四五日后，便可肋生双翅，化出羽翼，翩翩起舞。这正是道教服食养生、自我修行的一种基本逻辑。类似文献记载不止一处，另如刘删《采药游名山》："名山本郁盘，道士贵黄冠。独驭千年鹤，来寻五色丸。"② 庾肩吾《第二赋韵东城门病》："空痾诚易愈，有病故难痊。徒知饵五色，终当悲九泉。"③ 卢思道《神仙篇》："寥廓鸾山右，超越凤洲西。一丸应五色，持此救人迷。"④ 张说《奉和圣制幸白鹿观应

---

① （三国）曹丕，陈庆元撰：《三曹诗选评》，上海古籍出版社 2018 年 7 月版，第 85 页。

② （南北朝）刘删，逯钦立辑校：《先秦汉魏晋南北朝诗》，中华书局 1983 年 9 月版，第 2546—2547 页。

③ （南北朝）庾肩吾，（南朝梁）萧纲著，肖占鹏、董志广校注：《梁简文帝集校注（二）》，南开大学出版社 2015 年 7 月版，第 488 页。

④ （南北朝）卢思道，（宋）郭茂倩撰：《乐府诗集》上海古籍出版社 2016 年 12 月版，第 799 页。

制》：“竹径龙骖下，松庭鹤辔来。双童还献药，五色耀仙材。”[1] 杜牧《题桐叶》：“一丸五色成虚语，石烂松薪更莫疑。”[2] 王毂《梦仙谣三首》：“有人遗我五色丹，一粒吞之后天老。”[3] 白居易《寻王道士药堂因有题赠》：“常悲东郭千家冢，欲乞西山五色丸。”[4] 皎然《还丹可成诗联句》：“鹤驾方可致，霓裳定将迎。不因五色药，安著七真名。”[5] 窦参《登潜山观》：“丹成五色光，服之生羽翰。”[6] 其义莫不如此。求仙羽化的路上，一丸五色丹药，正是登天的资粮和阶梯。

具体而言，先民们开采五色矿石，不仅是为了铸造铜器、铁器、金银器，更重要的，是为了养生。所养之生，不只是人

① （唐）张说，黄勇主编：《唐诗宋词全集》（第1册卷87），北京燕山出版社2007年7月版，第264页。

② （唐）杜牧，周振甫主编：《唐诗宋词元曲全集》（《全唐诗》第10册卷521），黄山书社1999年1月版，第3893页。

③ （唐）王毂，周振甫主编：《唐诗宋词元曲全集》（《全唐诗》第13册卷694），黄山书社1999年1月版，第5157页。

④ （唐）白居易，周振甫主编：《唐诗宋词元曲全集》（《全唐诗》第8册卷439），黄山书社1999年1月版，第3187页。

⑤ （唐）皎然，周振甫主编：《唐诗宋词元曲全集》（《全唐诗》第14册卷794），黄山书社1999年1月版，第5771页。

⑥ （唐）窦参，周振甫主编：《唐诗宋词元曲全集》（《全唐诗》第6册卷314），黄山书社1999年1月版，第2324页。

的身体，还是一种经验的但却抽象化了的生活状态，而且首先以身为体。生离不开身，生的修炼以身的存续为前提。

在《山海经》里，五色的矿物质通常是可以用来养生的素材。《南山经》："又东三百七十里，曰仑者之山，其上多金玉，其下多青雘。有木焉，其状如谷而赤理，其汗如漆，其味如饴，食者不饥，可以释劳，其名曰白𦬁，可以血玉。"[①] "白𦬁"，按照郭璞据于《广雅》的讲法，又称作"睾苏"。何谓"血玉"？此处之"血"，显然是一个动词，郭璞云："血谓可用染玉作光彩。"[②]"白𦬁"之于金玉、青雘而言，不是没有意义的，乃为其玉之血，更重要的是，"其状如谷而赤理，其汗如漆，其味如饴，食者不饥，可以释劳"，它如同一个鲜活的生命体，固有其状、其汗、其味，"食者不饥，可以释劳"，有养生之用。

另外，金玉之下，常常伴生"青雘"。《山海经》中，凡"青雘"者，共17例，比"青碧"多了近乎一倍。例如，最著名的选段，《南山经》："又东三百里，曰青丘之山，其阳多玉，其阴多青雘。有兽焉，其状如狐而九尾，其音如婴儿，能食

① 袁珂注：《山海经全译》，北京联合出版公司2016年10月版，第12页。

② 袁珂注：《山海经全译》，北京联合出版公司2016年10月版，第13页。

人，食者不蛊。有鸟焉，其状如鸠，其音若呵，名曰灌灌，佩之不惑。英水出焉，南流注于即翼之泽。其中多赤鱬，其状如鱼而人面，其音如鸳鸯，食之不疥。”[①] 但言《山海经》者，莫不谈及九尾狐，青丘女君，盖出于此。而“其阳多玉，其阴多青雘”，与“其上多金玉，其下多青雘”，结构一致。何谓“青雘”？郝懿行、毕沅均指出，乃“善丹”也，即丹药。先民们四处寻觅矿藏的印迹，与其四处寻觅丹药的踪影，是“亦步亦趋”的。

事实上，在《山海经》中还有一种丹药极为常见，那便是“青雄黄”。“青雄黄”一词，一共出现过 12 次，《西山经》中的皇人之山、长沙之山、槐江之山、轩辕之山、天山、泑山，《北山经》中的谯明之山，《中山经》中的蔓山、白边之山、阳华之山、龟山、夫夫之山等 12 处均有记录，其出处同样大多是上有黄金，下有“青雄黄”的格局。吴任臣根据苏颂的讲法云：“‘阶州山中，雄黄有青黑色而坚者，名曰薰黄。’青雄黄意即此也。”[②] 袁珂认为，“青”“雄黄”，实为二物。“雄黄”为药物无疑，至今仍在沿用；而“青”，根据郭璞的讲法，当

① 袁珂注：《山海经全译》，北京联合出版公司 2016 年 10 月版，第 2 页。

② 袁珂注：《山海经全译》，北京联合出版公司 2016 年 10 月版，第 29 页。

为“空青”“曾青”之属。看来，“青雄黄”，无论一二，皆可服食。

在此基础上，一方面，所谓养生，不只是调理了人的身体机能，同时也能够改善人的内心情绪。《北山经》：“又北三百里，曰带山，其上多玉，其下多青碧。有兽焉，其状如马，一角有错，其名曰䑏疏，可以辟火。有鸟焉，其状如乌，五彩而赤文，名曰𪁺鵌，是自为牝牡，食之不疽。彭水出焉，而西流注于芘湖之水，其中多儵鱼，其状如鸡而赤毛，三尾、六足、四首，其音如鹊，食之可以已忧。”① 在这里，“食之不疽”，指的是祛除痈疽之病；“食之可以已忧”，则关乎人的内心情绪。另一方面，民以食为天，先民们之于丹药服食的狂热似乎早已超越了之于图腾崇拜的虔敬。《山海经》“怪物”无数，大多数却似乎并不令时人恐惧、敬畏、胆寒，或可理解为“怪物”，不过是食物而已。“吃了吗?”是主导话题，比“信了吗?”重要得多。《南山经》曰：“又东三百里，曰基山，其阳多玉，其阴多怪木。有兽焉，其状如羊，九尾四耳，其目在背，其名曰猼訑，佩之不畏。有鸟焉，其状如鸡而三首六目，

① 袁珂注：《山海经全译》，北京联合出版公司2016年10月版，第53页。

六足三翼，其名曰鵸鵌，食之无卧。”① 就“食之无卧”四字而言，郭璞以为，可“使人少眠”。重点是，此“三首六目，六足三翼”，乃神禽乎？其状如鸡之鸟，亦可为食材，实有食尽天下之慨。

就丹药结合五色来看，最为显著的色彩无疑是赤，是火。《中山经》云：“又东二十里，曰苦山。有兽焉，名曰山膏，其状如逐，赤若丹火，善詈。其上有木焉，名曰黄棘，黄华而员叶，其实如兰，服之不字。有草焉，员叶而无茎，赤华而不实，名曰无条，服之不瘿。”② 此处所谓“山膏”，毕沅云，即“山都”。“山都”“枭阳”之类，即被神化的猩猩、狒狒之属。此处的关键在于“赤若丹火”。赤色的“丹火”，给先民们留下了深刻的视觉记忆，而它又是提炼丹药的重要前提，它使得整个世界变得如同熔炉一般，若壶中天地耳。

丹药在《山海经》成书的年代流行，更在魏晋以来的道教修仙实践中大为流行，使得五色成为中国古代先民生活中不可或缺的集体无意识、文化原型。司马承祯、吴筠之后，直至丘

---

① 袁珂注：《山海经全译》，北京联合出版公司 2016 年 10 月版，第 2 页。

② 袁珂注：《山海经全译》，北京联合出版公司 2016 年 10 月版，第 119 页。

处机，重玄学乃至全真道渐次成为道教主流，似乎把服食外丹的传统推进至修炼内丹，走上内外双修的道路，但以食养生的生活模式业已奠定（“食补”直至今天，已是人生常态）。伴随着“丹药”的发展，五色无疑被植入了中国古代先民那一个个关于长生不老、羽化登仙的梦中，潜移默化地影响着人们，构筑起了以飞升为主题的想象的底色。

第三节 现实与神异

从总体上来看，如果说有一种与五色最为相应的图腾（动物、神兽，乃至坐骑）的话，这种图腾必然是天上的飞鸟。五色可以指龙。徐夤《宋二首》（其二）：“五色龙章身早见，六终鸿业数难逾。三年未得分明梦，却为兰陵起霸图。”① 还可以指狮子，如李白《上云乐》：“五色师子，九苞凤皇。是老胡鸡犬，鸣舞飞帝乡。”② 师子，即狮子，是由西域而来的，被五色文化同化了。还可以指冰蚕丝，徐凝《员峤先生》：“员峤先生无白发，海烟深处采青芝。逢人借问陶唐主，欲进冰蚕五

① （唐）徐夤，周振甫主编：《唐诗宋词元曲全集》（《全唐诗》第13册卷710），黄山书社1999年1月版，第5271页。

② （唐）李白，黄勇主编：《唐诗宋词全集》（第1册卷162），北京燕山出版社2007年7月版，第477页。

色丝。"[①] 这里的陶唐主，指的是尧。还可以指烟，施肩吾《经吴真君旧宅》："古仙炼丹处，不测何岁年。至今空宅基，时有五色烟。"[②] 还可以指鱼，李白《秋浦寄内》："有客自梁苑，手携五色鱼。开鱼得锦字，归问我何如。"[③] 鱼和石榴，皆为多子的意象。与此同时，鱼还可以做坐骑（乘鱼而去，是仙人们较为常见的归隐模式），在这里，鱼是五色的。不过，在后世大量的文献中，更多的案例指明，天空中有飞翔的五色凤鸟。李白一人即可为证，李白《经乱离后天恩流夜郎忆旧游书怀赠江夏韦太守良宰》："谓我不愧君，青鸟明丹心。五色云间鹊，飞鸣天上来。"[④] 李白《献从叔当涂宰阳冰》："群凤怜客鸟，差池相哀鸣。各拔五色毛，意重泰山轻。"[⑤] 李白《送

---

① （唐）徐凝，周振甫主编：《唐诗宋词元曲全集》（《全唐诗》第9册卷474），黄山书社1999年1月版，第3502页。

② （唐）施肩吾，周振甫主编：《唐诗宋词元曲全集》（《全唐诗》第9册卷494），黄山书社1999年1月版，第3643页。

③ （唐）李白，周振甫主编：《唐诗宋词元曲全集》（《全唐诗》第4册卷184），黄山书社1999年1月版，第1287页。

④ （唐）李白，周振甫主编：《唐诗宋词元曲全集》（《全唐诗》第3册卷170），黄山书社1999年1月版，第1201页。

⑤ （唐）李白，周振甫主编：《唐诗宋词元曲全集》（《全唐诗》第3册卷171），黄山书社1999年1月版，第1210页。

崔度还吴》：“中有孤凤雏，哀鸣九天闻。我乃重此鸟，彩章五色分。”[①] 他在不断地用五色来形容凤鸟。除李白外，另如韦应物《鸢夺巢》：“凤凰五色百鸟尊，知鸢为害何不言?”[②] 韩愈《岐山下二首》（其二）：“丹穴五色羽，其名为凤皇。”[③] 亦同于此。有意思的是，在《山海经》中，各种充满神异的动物群像里，身披色彩的最为典型的动物，不是龙、凤，不是狮、鱼，而是蛇。显然，蛇既可冬眠，又可蜕皮，给当时的先民们留下了深刻的关于“复活”的超自然印象。于是，蛇成了巫觋们操持的“法器”，巫觋们通过驾驭蛇来彰显自身的神异之力。

在普通受众的眼里，《山海经》如同一部志异、志怪小说，其中所叙，非常人能触及。但《山海经》中所谓神异的动物，距离现实并不遥远，实则是现实世界里、生活中的身边之物（身边之物，最有可能成为超验的神灵）。

《南山经》开篇第五条曰：“东三百里柢山，多水，无草木。有鱼焉，其状如牛，陵居，蛇尾有翼，其羽在魼下，其音

---

① （唐）李白著，瞿蜕园、朱金城校注：《李白集校注》，上海古籍出版社 1980 年 7 月版，第 1028 页。

② （唐）韦应物，周振甫主编：《唐诗宋词元曲全集》（《全唐诗》第 4 册卷 194），黄山书社 1999 年 1 月版，第 1362 页。

③ （唐）韩愈，黄勇主编：《唐诗宋词全集》（第 3 册卷 336），北京燕山出版社 2007 年 7 月版，第 1062 页。

如留牛，其名曰鯥，冬死而夏生，食之无肿疾。”[①] 这是一则典型的案例。关于“鯥”的描述或可分为两种，一种是外形的描述，一种是实质的描述。外形易于添加人的想象和比拟，实质则体现出人之于对象的根本判断。“鯥”是一种鱼，这是它的实质，而关于这种鱼特质的定性，即“冬死而夏生”。显然，这是动物的冬眠给先民的内心留下了不可磨灭的烙印。“鯥”进入了冬眠期，不动不食，先民以为它们死掉了，冬天过去了，“鯥”苏醒过来，便如同“复活”般神异。混淆了“眠”与“死”的认知界限，便造就了这般神异。神异，乃至神迹，都是有历史语境的；失去历史语境来谈神异、神迹，没有实际意义。

在此基础上，我们来看看最令人难忘的青蛇。

笔者大致统计了《山海经》中所罗列的物象出现的频次，可见下表。这一统计并不准确，因为《山海经》中重复使用了很多地名、器物名，文辞之间还经常使用比喻、象征等文法。下表所呈现的，只是机械地按照字词检索的方法得出的数据。不过，我们依旧能够从这一大致的数据中窥探《山海经》语境内部有所关涉的信息。

---

① 袁珂注：《山海经全译》，北京联合出版公司 2016 年 10 月版，第 1 页。

鸟 221	蛇 114	彘 23	首 164	木 286	玉 249	山 873
兽 188	虎 63	熊 20	身 119	草 189	金 162	水 541
鱼 112	牛 58	虫 17	面 88	实 52	铁 41	海 135
	马 54	鸡 16	尾 85	华 52	铜 32	
	龙 44	罴 15	毛 53	叶 47	银 14	
	羊 34	龟 13	翼 43	茎 13		
	犬 33	兕 9	角 21	花 4		
	豹 32		鳞 3			

依据此表，可以获得的发散性信息包括：第一，如果按照海陆空的片区来看，《山海经》中所展现的最多的是天上的动物，如空中的飞鸟。天上动物的数量是水里的动物的一倍多。但“鸟”是一个笼统的总体的概念，不如“蛇”属于细分的具体的范畴。第二，所有具体的动物中，出现频率最高的，是蛇，“蛇”一共出现了 114 次。为什么是蛇？前文已述，不仅因为蛇会冬眠，而且蛇还会蜕皮。它不仅会死而“复活”，而且会生而“复生”。所以，蛇给予了先民关于生命延续的无尽的渴望和想象。第三，先民之于“首”的关注，也即头部的关注远远超过其余。余者并不是不重要，例如九尾狐的尾部。动物的尾巴不仅能够保暖自己、攻击敌人，还可以保持其运动状态下的平衡，九尾狐的尾巴恰恰是对尾巴之多种功能的放大。然而，比“尾”出现频率多了一倍的竟是“首”，在此基础上，

“面”部描述出现了88次。这意味着，具有超自然力的动物神灵，首先是作为图腾崇拜的对象呈现给世人的。第四，先民们之于植物的认知和理解是线性的平面化的，他们常常依据叶片、花朵、果实三种维度来考察植物。三者的使用频率也几乎等同，茎略微弱一点。第五，在开采矿藏的名单里，玉占有绝对的压倒性的优势，其次是往往同时包含了各种金属在内的“金”，“铁”的发掘无疑是与时俱进的新锐。第六，在整部《山海经》中，“山大于海”，同样大于海与水的组合。先民之于宇宙“地图”的理想和模拟是以稳定性为基础的，即便这种稳定性中饱含着流动的素质和意味。

我们继而发现，之于蛇这样一种神异动物而言，色彩是对它最主要的描述方法和分类依据。“黑蛇”的出现频率最低，只有两次，分别出现在《海内经》和《海内南经》里，且均为“黑蛇青首”。“白蛇”略高于“黑蛇”，出现过三次，分别出现在《西山经》《北山经》《中山经》里，有“藻玉”“文石”之地。后世“白蛇”传说中，以“白蛇”为主导，以“青蛇”为辅佐的主次模式，显为文化的变相和衍文。“黄蛇”“赤蛇”的出现频率相当，“黄蛇”为九次，分别出现在《东山经》《海外北经》《海外南经》《大荒东经》《大荒南经》《大荒北经》里；“赤蛇”为八次，与“黄蛇”接近。

最显著，也最重要的，是“青蛇”，共出现了12次。

1.《海外西经》：

“巫咸国在女丑北，右手操青蛇，左手操赤蛇，在登葆山，群巫所从上下也。”①

2.《海外北经》：

“博父国在聂耳东，其为人大，右手操青蛇，左手操黄蛇。邓林在其东，二树木。一曰博父。”②

3.《海外北经》：

“北方禺强，人面鸟身，珥两青蛇，践两青蛇。”③

4.《海外东经》：

“奢比之尸在其北，兽身、人面、大耳，珥两青蛇。一曰肝榆之尸在大人北。”④

5.《海外东经》：

“雨师妾在其北，其为人黑，两手各操一蛇，左耳有青蛇，

---

① 袁珂注：《山海经全译》，北京联合出版公司 2016 年 10 月版，第 170 页。

② 袁珂注：《山海经全译》，北京联合出版公司 2016 年 10 月版，第 180 页。

③ 袁珂注：《山海经全译》，北京联合出版公司 2016 年 10 月版，第 180 页。

④ 袁珂注：《山海经全译》，北京联合出版公司 2016 年 10 月版，第 189 页。

右耳有赤蛇。一曰在十日北，为人黑身人面，各操一龟。”①

6.《大荒东经》：

“有神，人面、犬耳、兽身，珥两青蛇，名曰奢比尸。”②

7.《大荒南经》：

“南海渚中，有神，人面，珥两青蛇，践两赤蛇，曰不廷胡余。”③

8.《大荒西经》：

“西海陼中，有神人面鸟身，珥两青蛇，践两赤蛇，名曰弇兹。”④

9.《大荒西经》：

“西南海之外，赤水之南，流沙之西，有人珥两青蛇，乘两龙，名曰夏后开。开上三嫔于天，得九辩与九歌以下。此天

---

① 袁珂注：《山海经全译》，北京联合出版公司 2016 年 10 月版，第 190 页。

② 袁珂注：《山海经全译》，北京联合出版公司 2016 年 10 月版，第 232 页。

③ 袁珂注：《山海经全译》，北京联合出版公司 2016 年 10 月版，第 244 页。

④ 袁珂注：《山海经全译》，北京联合出版公司 2016 年 10 月版，第 256 页。

穆之野，高二千仞，开焉得始歌九招。”①

10.《大荒北经》：

“有人名曰大人。有大人之国，厘姓，黍食。有大青蛇，黄头，食麈。”②

11.《大荒北经》：

“有儋耳之国，任姓，禺号子，食谷。北海之渚中，有神，人面鸟身，珥两青蛇，践两赤蛇，名曰禺强。”③

围绕“青蛇”可以得出的结论有以下几点，首先，蛇不是人类服食的对象，在《山海经》中，12 次使用“青蛇”的 11 个段落里，无一次食用蛇的记录。蛇不是用来吃的。其次，人类之于蛇，有直接的身体接触，接触频率由高至低，依次为从针对耳之“珥”，至于手执之“操”，至于足之“践”，极为立体。人之于蛇的信仰，与蛇“伏地而行”的生活习性没有对应关系。再次，除《大荒北经》“有人名曰大人。有大人之国，厘姓，黍食。有大青蛇，黄头，食麈”一次特例外，蛇每次的

---

① 袁珂注：《山海经全译》，北京联合出版公司 2016 年 10 月版，第 258 页。

② 袁珂注：《山海经全译》，北京联合出版公司 2016 年 10 月版，第 273 页。

③ 袁珂注：《山海经全译》，北京联合出版公司 2016 年 10 月版，第 274 页。

出现均为两两出现，成对、复合出现，渗透着先民们的阴阳合成观。换句话说，蛇有阴阳。最终，综合以上各条可知，蛇一定具有类似于宗教信仰的超验含义，实乃巫术礼仪中极为重要的图腾对象，但它是为人所驱使的，而不是独立的外在的超验神祇。这也就解释了为什么在所有动物里，唯独蛇非食材，却出现频率最高。

《海外西经》中的“巫咸国在女丑北，右手操青蛇，左手操赤蛇，在登葆山，群巫所从上下也”，以及《海外北经》中的“博父国在聂耳东，其为人大，右手操青蛇，左手操黄蛇。邓林在其东，二树木。一曰博父”，足以说明蛇的信仰与古老的“建木”“扶桑”信仰，这两种崇拜对象之间的相契与吻合。所谓“建木”“扶桑”，正是众帝所自上下的“通天树”“通天塔”“通天台”。值得注意的细节是，《海外东经》还提到，“雨师妾在其北，其为人黑，两手各操一蛇，左耳有青蛇，右耳有赤蛇。一曰在十日北，为人黑身人面，各操一龟”。在这里，龟、蛇同时出现了。青龙、白虎、朱雀、玄武，四象五种动物的原始图腾征象得以彰显。这不仅应证了北方玄武为龟蛇合体的假设，还涉及中国巫术的特殊性，其人类中心主义的倾向，也即其所使用的法器、道具是为人所操弄的。蛇固然是一种图腾崇拜的对象，但蛇并非全然凌驾于人类之上的，有待于人类匍匐拜祷的超自然神灵。《大荒东经》中“有神，人面、犬耳、兽身，珥两青蛇，名曰奢比尸”的“奢比尸”，《大荒南经》中“南海渚中，有神，人面，珥两青蛇，践两赤蛇，曰不廷胡余”的“不廷胡余”，《大荒西经》中“西海陼中，有神人面鸟身，珥两青蛇，践两赤蛇，名曰弇兹”的“弇兹”，显然就是能够通于天地上下的巫觋。

五色在中国古代的巫术礼仪中，借助动植物身上的色泽与纹路，成为先民崇拜的对象和依托。由此可知，五色正如同某种宇宙的肌理，编织着宇宙的同时，也绘制了古人的心灵地图。只不过，《山海经》中附着于动物的五色，不是作为集体出现的，而是分散的、有所偏重的，反映着中国古代先民现实的生活经验。

第四章

《世说新语》中的 五色心

在中国古代文人的心中，五色不只是万千事物的外表，更是一种内心的寄寓。五色世界意味着渐趋复杂的文人情绪，自汉末魏晋伊始，在他们吟咏酬答的各种活动中，与他们的性情相依相伴。《世说新语》可谓其肇端。一方面，五色书写暗含着他们之于人生现实无常、如梦幻泡影的慨叹；另一方面，五色亦是他们表达心迹，在举手投足间顾盼自我心性的资粮。文人之于五色的感知既不同于帝王关于江山锦绣的遐想，亦不同于百姓关于日用即安的满足，而是在天地宇宙、山水田园、塞外江南、生离死别间的希冀与感伤。如是五色也许饱和度不高，不那么华丽夺目鲜亮，甚至略显单调，却有深沉婉转、一念三千的愁肠。

第一节　悲剧的诞生

五色的含义不是一成不变的。五色含义的剧变，笔者以为，发生在魏晋南北朝时期。魏晋士子之于五色的带有解构性质的重新解读，把五色从董仲舒天人相副的秩序世界里带了出来，重新还给自然。

阮籍《咏怀》（其八）曰："昔闻东陵瓜，近在青门外。连畛拒阡陌，子母相钩带。五色曜朝日，嘉宾四面会。膏火自煎熬，多财为患害。布衣可终身，宠禄岂足赖。"① 理解这首诗的关键在于"子母"。这里的"五色"究竟指的是什么？指的是"子母"。所谓"子母"，何"五色"之有？其实则指的是古代的钱币。币轻值低者为子，币重值高者为母，"子母"钩带、连缀，成了"钱串子"。"膏火自煎"，油脂因为自身能够照明

① （魏）阮籍著，李志钧等校点：《阮籍集》，上海古籍出版社 1978 年 5 月版，第 86—87 页。

而被燃烧，人因为多财而致祸，如此一来，整首诗也才能够被理解。这里的五色，固然也就暗示着一种金满箱银满箱、纸醉金迷、目眩神迷、奢华无度的生活。所以五色之于隐士而言，是有害的，是需要防范的对象，是必须规避的风险，如是布衣方可终身。无独有偶，在佛教的诗偈里，与五色相关的通常是爱欲。庞蕴《诗偈》（其六十四）中有句："外尘一念爱，合成五色囊。囊中起三柱，柱上有千梁。梁变成地狱，地狱作天堂。"① 无非是七宝楼台空中楼阁，刹那生灭缘起性空之义。"外尘一念爱，合成五色囊"，五色囊是由外在尘世的一念之爱合成的，也必坍塌，也必寂灭，沧海桑田，地狱天堂。换句话说，五色与内心无关。

然而，再往前说一步，阮籍的这首诗里还有一句话没有解释，那便是"昔闻东陵瓜，近在青门外"这句话。《水经注》专门提过："渭水又东径长安城北。汉惠帝元年筑，六年成，即咸阳也。秦离宫无城，故城之。王莽更名常安。十二门，东出北头第一门。本名宣平门，王莽更名春王门。正月亭，民曰都门，其郭门亦曰东都门，即逢萌挂冠处也。第二门本名清明门，一曰凯门，王莽更名宣德门，布恩亭。内有藉田仓，亦曰

---

① （唐）庞蕴，周振甫主编：《唐诗宋词元曲全集》（《全唐诗》第15册卷810），黄山书社1999年1月版，第5941页。

藉田门。第三门本名霸城门，王莽更名仁寿门，无疆亭。民见门色青，又曰青城门，或曰青绮门，亦曰青门。门外旧出好瓜。昔广陵人邵平为秦东陵侯，秦破，为布衣，种瓜此门，瓜美，故世谓之东陵瓜。是以阮籍《咏怀诗》曰：'昔闻东陵瓜，近在青门外，连畛拒阡陌，子母相钩带。指谓此门也。'"[①]原来，东陵瓜，青门外，用的是邵平的典故。根据《史记》的记载，"邵平故秦东陵侯，秦灭后，为布衣，种瓜长安城东。种瓜有五色，甚美，故世谓之东陵瓜，又云青门瓜，青门东陵也"[②]，明确指出，在青门外，邵平身为布衣，所种的东陵瓜实乃"五色瓜"。后世李峤专门写了一首诗，诗名即《瓜》："欲识东陵味，青门五色瓜。"[③] 这里的"瓜""五色瓜"，显然不再是一种食物，而是一种高洁的士子风度。换句话说，阮籍的这首《咏怀》，正是要告诉人们，人生应当去"五色币"，而种"五色瓜"。五色在隐士的胸怀中，终究有了不同的色彩，它可以是奢靡的生活写照，亦可以是自然的天地境界。无怪乎

① （北魏）郦道元撰，陈桥驿点校：《水经注》，上海古籍出版社 1990 年 9 月版，第 366 页。

② （汉）司马迁撰，许嘉璐主编，安平秋分史主编：《二十四史全译·史记》，汉语大词典出版社 2004 年 1 月版，第 811 页。

③ （唐）李峤，黄勇主编：《唐诗宋词全集》（第 1 册卷 60），北京燕山出版社 2007 年 7 月版，第 199 页。

孟浩然《南山下与老圃期种瓜》云："不种千株橘，惟资五色瓜。邵平能就我，开径剪蓬麻。"① 骆宾王《夏日游德州赠高四》亦云："一顷南山豆，五色东陵瓜。野衣裁薜叶，山酒酌藤花。"②

《百喻经》中讲过一则令人匪夷所思的故事："昔有愚人头上无毛，时有一人以梨打头，乃至二三悉皆伤破，时此愚人默然忍受不知避去。傍人见已而语之言：'何不避去，乃往受打致使头破？'愚人答言：'如彼人者憍慢恃力痴无智慧，见我头上无有发毛谓为是石，以梨打我头破乃尔。'傍人语言：'汝自愚痴，云何名彼以为痴也？汝若不痴，为他所打，乃至头破不知逃避？'比丘亦尔，不能具修信戒闻慧，但整威仪以招利养，如彼愚人被他打头不知避去，乃至伤破反谓他痴，此比丘者亦复如是。"③ 愚人秃顶，有人用梨打破了他的头，旁人问他，为什么你不躲避，他说打他的人愚痴，以为他的头是石头。于是大家告诉他，明明是你笨，自己不知道躲避。《百喻经》用

---

① （唐）孟浩然，黄勇主编：《唐诗宋词全集》（第1册卷160），北京燕山出版社2007年7月版，第467页。

② （唐）骆宾王，周振甫主编：《唐诗宋词元曲全集》（《全唐诗》第2册卷77），黄山书社1999年1月版，第585页。

③ （印度）伽斯那：《百喻经》，文学古籍刊行社1955年8月版，第4页。

这个故事来训诫僧人，“但整威仪以招利养”，乃至为人所诟病的“自以为是”。人世间的事有时是无意义的，只是形式，就像雨天还在工作的洒水车，魏晋士子的内心里，比先贤们多出的部分，恰恰是敢于并勤于思考人生的意义是什么。

《世说新语》的五色世界，与此前的三部作品相比，显得寡淡，甚至可怜。“青”，出现了 11 次；“赤”，出现了 3 次；“白”，出现了 47 次；“黄”，出现了 21 次；“黑”，出现了 4 次。换一种方法来统计，“白”，出现了 47 次，“非白”，出现了 39 次。“黄”似乎是一个例外，在《世说新语》里，仅“黄门”这样一种官职就独立出现了 8 次，何况，还有作为姓氏的“黄”的存在。所以，“白”无疑占有绝对优势。那么，这个世界，为什么会变得如此“苍白”？而“白”，就一定是生命脆弱无力萎靡的“苍白”吗？

在回答这一问题之前，不如让我们来看一个词，那便是“死亡”。亡者去矣，逝也，惟斯让人痛心不已。中国文化在历史沿革上，可谓有一个巨大的分水岭，便是东汉末年。此前，文化以生为母题；此后，先民在面对生时，同样也在思考死亡。战乱、瘟疫、饥荒，大厦倾轧，人祸天灾，十室九空之遇，使得中国文化由“乐感”走向了五味杂陈的惶惑、焦虑、迷离、忧郁、恐惧，这一心理印象经过放大，真切地留存在了《世说新语》里。在《世说新语》里，“死”这个字，出现了

39 次。事实上，大量的段落也许并没有使用这个字，却一样写尽了人世生离死别的凄凉。

《伤逝》云：“孙子荆以有才，少所推服，唯雅敬王武子。武子丧，时名士无不至者。子荆后来，临尸恸哭，宾客莫不垂涕。哭毕，向灵床曰：‘卿常好我作驴鸣，今我为卿作。’体似真声，宾客皆笑。孙举头曰：‘使君辈存，令此人死！’”[①] 先民们之于听觉的审美体验绵延不绝，既有舶来的狮吼，亦有本土的驴鸣。喜好驴鸣的恐非王武子一人，《伤逝》首段便记录到，“王仲宣好驴鸣。既葬，文帝临其丧，顾语同游曰：‘王好驴鸣，可各作一声以送之。’赴客皆一作驴鸣”[②]，以驴鸣送别并非只出现于丧葬环节，“戴叔鸾母好驴鸣，叔鸾每为驴鸣以说其母。人之所好，偿亦同之”[③]。其事亦可见《后汉书·逸民传》，此实乃散逸之民啸傲江湖、澹然自旷之风尚。问题在

---

① （南朝宋）刘义庆，（南朝梁）刘孝标注，余嘉锡笺疏，周祖谟、余淑宜、周士琦整理：《世说新语笺疏》，上海古籍出版社 1993 年 12 月版，第 636—637 页。

② （南朝宋）刘义庆，（南朝梁）刘孝标注，余嘉锡笺疏，周祖谟、余淑宜、周士琦整理：《世说新语笺疏》，上海古籍出版社 1993 年 12 月版，第 635 页。

③ （南朝宋）刘义庆，（南朝梁）刘孝标注，余嘉锡笺疏，周祖谟、余淑宜、周士琦整理：《世说新语笺疏》，上海古籍出版社 1993 年 12 月版，第 635 页。

于，这一声声驴鸣，却牵扯出了孙子荆的情殇。众人推服孙子荆，为什么？因为他有才？整段文字却并未展露孙子荆的才华。孙子荆留给世人的只有三个“动作”，悲苦、驴鸣、斥责。这三个动作，并不需要人有才华，只需要人有真情，有超越了哭与笑，直抵生命本根的悲怆。孙子荆的才与情是一体的，面对死亡的孙子荆，真正展示的是他比世人更加真纯的天性。死亡作为结局，以各种方式突如其来地站在原地，躲不过去，无处逃离。

这就像五色之白，《世说新语》里的“白”，多被用来回忆“白驹”，分辨“白马”，梳理“白发”，言谈“白雪”。“白驹”“白马”“白发”“白雪”，哪一个不是时间性的名词?！这个世事沧海桑田、变幻如泡如影的现实世界，陈列在一个个伤心欲绝的魏晋士子面前，使他们惊醒，使他们自觉。中国古代的悲剧也许不是《窦娥冤》里的窦娥一般文人笔下、作品中的人物，而是文人、叙事者、作者自己。只有文人自己，才是悲剧的主角。希腊悲剧里的主人公非富即贵，乃王宫显贵，以至神人同形同性，同根同种，纠缠着他们的悲剧，是调弄英雄的命运。在东方，悲剧的主人公却是文人，那个书写悲剧的作者自己。人总是要死的，何况身边早已饥殍遍野，慌不择路。可真正把他们放入悲剧的，不是他们的命运，而是他们的才华、天性与悲情。

人生有一条相对而言值得致敬的真理——不在灾难中重生，就在灾难中死亡。重生的基础，就魏晋士子而言，是玄佛，抑或是佛玄。一方面，佛教是新生的希望。中国文化继先秦之后，价值体系再次天崩地裂之时，佛教如“放光”，在“道行”，进入了人们的视野，薪火不绝。佛教初传，格义的抵牾不可避免，可六家七宗在貌似杂乱的表述逻辑里，展露出的是一种开放的心态，一种重新找回真理的信念。当然，前路漫漫，从某种程度上来说，直至宋明理学，对佛教的吸纳方才成熟起来，但魏晋如王弼、郭象者，毕竟是此一征程的起点。

另一方面，佛教又被融入了中国文化传统的底色。佛教作为文化的舶来品，在征服中土时，遭遇到了知识阶层乃至平民百姓几乎可以称得上是执拗的“负隅顽抗”。道教哲学应运而生，虽然仍旧披着养生服食的外套，但其内在化的趋向不可小觑。把这一趋向归结为对他者，对《大乘起信论》之“一心开二门”的被迫回应也好，归结为从自身，从外丹法术至于内丹修行，至于内外双修之全真道的主动演进也好，“向内转”，向自我求真，都是这一趋向的根本特性。

对五色而言，重点是魏晋士子们探索新途的路径设定在了味觉系统中，而不是视觉印象上。“吞吐”，可谓佛教逻辑与道教哲学的最大公约数，也是二者携手共同走出悲剧的良方。服食只是“吃下去”，人的身体之于其所服食的对象，二者的关系是单向性的。吐纳既有吸纳，又有吐露，人的身体之于其所吐纳的流动之气，类似于一种升华和熔炼的通道和场域。人吞下去的是食物，吐出来的是英华。

《世说新语》中提到“吞”，一共有两次。一次是在《方正》篇中，援引了“吞炭漆身”的典故；一次是在《规箴》篇中，做出的是“网漏吞舟”的比喻。所吞之物并非修炼内丹之气。然而，《世说新语》中可以检索到的“吐”，却有九次。

1.《德行》：

“郗公值永嘉丧乱，在乡里甚穷馁。乡人以公名德，传共饴之。公常携兄子迈及外生周翼二小儿往食。乡人曰：‘各自饥困，以君之贤，欲共济君耳，恐不能兼有所存。’公于是独往食，辄含饭著两颊边，还吐与二儿。后并得存，同过江。郗公亡，翼为剡县，解职归，席苫于公灵床头，心丧终三年。”①

2.《赏誉》：

“胡毋彦国吐佳言如屑，后进领袖。”②

---

① （南朝宋）刘义庆，（南朝梁）刘孝标注，余嘉锡笺疏，周祖谟、余淑宜、周士琦整理：《世说新语笺疏》，上海古籍出版社 1993 年 12 月版，第 24—25 页。

② （南朝宋）刘义庆，（南朝梁）刘孝标注，余嘉锡笺疏，周祖谟、余淑宜、周士琦整理：《世说新语笺疏》，上海古籍出版社 1993 年 12 月版，第 452 页。

3.《规箴》：

“何晏、邓扬令管辂作卦，云：‘不知位至三公不?’卦成，辂称引古义，深以戒之。扬曰：‘此老生之常谈。’晏曰：‘知几其神乎！古人以为难。交疏吐诚，今人以为难。今君一面尽二难之道，可谓‘明德惟馨’。诗不云乎：‘中心藏之，何日忘之!’”①

4.《栖逸》：

“康僧渊在豫章，去郭数十里，立精舍。旁连岭，带长川，芳林列于轩庭，清流激于堂宇。乃闲居研讲，希心理味，庾公诸人多往看之。观其运用吐纳，风流转佳。加已处之怡然，亦有以自得，声名乃兴。后不堪，遂出。”②

5.《任诞》：

“阮籍当葬母，蒸一肥豚，饮酒二斗，然后临诀，直言

---

① （南朝宋）刘义庆，（南朝梁）刘孝标注，余嘉锡笺疏，周祖谟、余淑宜、周士琦整理：《世说新语笺疏》，上海古籍出版社 1993 年 12 月版，第 552—553 页。

② （南朝宋）刘义庆，（南朝梁）刘孝标注，余嘉锡笺疏，周祖谟、余淑宜、周士琦整理：《世说新语笺疏》，上海古籍出版社 1993 年 12 月版，第 659 页。

‘穷矣’！都得一号，因吐血，废顿良久。”①

6.《假谲》：

“王右军年减十岁时，大将军甚爱之，恒置帐中眠。大将军尝先出，右军犹未起。须臾，钱凤入，屏人论事，都忘右军在帐中，便言逆节之谋。右军觉，既闻所论，知无活理，乃剔吐污头面被褥，诈孰眠。敦论事造半，方意右军未起，相与大惊曰：‘不得不除之！’及开帐，乃见吐唾从横，信其实孰眠，于是得全。于时称其有智。”②

7.《忿狷》：

“王蓝田性急。尝食鸡子，以箸刺之，不得，便大怒，举以掷地。鸡子于地圆转未止，仍下地以屐齿蹍之，又不得，瞋甚，复于地取内口中，啮破即吐之。王右军闻而大笑曰：‘使安期有此性，犹当无一豪可论，况蓝田邪？’”③

---

① （南朝宋）刘义庆，（南朝梁）刘孝标注，余嘉锡笺疏，周祖谟、余淑宜、周士琦整理：《世说新语笺疏》，上海古籍出版社 1993 年 12 月版，第 731 页。

② （南朝宋）刘义庆，（南朝梁）刘孝标注，余嘉锡笺疏，周祖谟、余淑宜、周士琦整理：《世说新语笺疏》，上海古籍出版社 1993 年 12 月版，第 855 页。

③ （南朝宋）刘义庆著，（南朝梁）刘孝标注，余嘉锡笺疏，周祖谟、余淑宜、周士琦整理：《世说新语笺疏》，上海古籍出版社 1993 年 12 月版，第 886 页。

8.《纰漏》：

“蔡司徒渡江，见彭蜞，大喜曰：‘蟹有八足，加以二螯。’令烹之。既食，吐下委顿，方知非蟹。后向谢仁祖说此事，谢曰：‘卿读尔雅不熟，几为劝学死。’”①

此处所列之种种夥矣，人固然可以吐出各类固态实物，亦可呈现有风度有雅量的谈“吐”。《赏誉》篇中的这句话，“胡毋彦国吐佳言如屑，后进领袖”，在《晋书》的《胡毋辅之传》中被写作“胡毋彦国吐佳言如锯木屑，霏霏不绝，诚为后进领袖也”，“屑”之本义，按照《说文》的讲法，为“动作切切”。吐言如屑，切切而已，如锯木之粉末，又绵延不绝。值得注意的是，根据《小尔雅》《广韵》的讲法，“屑”还有“洁”的含义。所以，我们不妨为“吐言”做另一重比喻，那便是“气息”。《栖逸》中的“康僧渊在豫章，去郭数十里，立精舍。旁连岭，带长川，芳林列于轩庭，清流激于堂宇。乃闲居研讲，希心理味，庾公诸人多往看之。观其运用吐纳，风流转佳。加已处之怡然，亦有以自得，声名乃兴。后不堪，遂出”，实为正解。“吐纳”与这个世界不是对象化的关系，而是既在其中，

① （南朝宋）刘义庆著，（南朝梁）刘孝标注，余嘉锡笺疏，周祖谟、余淑宜、周士琦整理：《世说新语笺疏》，上海古籍出版社 1993 年 12 月版，第 911 页。

又游离于斯的气韵生动，萧萧淡然。无论如何，这样一种在一呼一吸，一吞一吐中完成的我与世界的互置，无法用单一的片面的视觉印象涵盖。换句话说，五色要进入中国古代文人之内心，才有可能真正实现其价值的再生与转换。而真正能够进入中国古代文人内心的，首先便是“白”。

第二节　从宇宙论到本体论

面对死别生离、世道唯艰、生灵涂炭，面对一个被败坏了的信仰坍缩的悖常世界，中国古代文人出于何种必然性而放弃了视觉感知，隔离于视觉经验？这显然是一个错误判断。空灵不是盲目。那么，又为什么《世说新语》似乎是一个几乎“无色”的世界？难道色彩无法构成希望和寄托？与其说《世说新语》是一个“无色”的世界，不如说《世说新语》是一个“纯色”的世界，“清净”的世界。如果一定要使用“无色”来概括的话，所谓“无”，实为动词，代表否定的过程，“无色”是一种否定哲学、过程哲学。

中国古代的绘画技艺，在文人画出现之前，笔者以为，“伺服”于两种系统。其一，养生系统。绘画被称作丹青，丹为丹丸，青为青雘，皆药也。从头至尾，与文人画并行的匠人画始终存在，匠人画作，素有充盈而丰沛的色彩语言，或被用于宫廷表现壮阔江山，或被用于民间喻示现世富足，与文人画并行不悖。可文人画为什么要摒弃、规避色彩？因为匠人作画，依据的是“随类敷色赋彩”的原则，色彩是依据类别来赋予的，类别是一个种属的判断，是一种知识的累积，无关于内心的独特体验。人的内心为什么就是“无色”的？因为如是人的内心实乃文人的内心，文人的内心已然超越了认知世界的阶段，文人真正要做的，是对这个世界在本体意义上的判断——从宇宙论走向本体论。宇宙论为人类描述了这个世界是怎样的，本体论为人类定义了这个世界是什么。当中国古代文人在巨大的灾难面前意识到这个世界并不只是生的誊写，而蕴藏着无尽的关于死亡的痛苦悲凉时，以养生为逻辑前提的绘画便失去了全然的应当的合法性。春花秋月的本质，不是春花秋月的形色之辨，而是人生际遇中的生离死别。

其二，地图系统。中国古代原始绘画，可以被视为“地图”。图画图画，二者几乎不可离析，具有极为相近的类同的可能和同一性。人类之所以绘制“地图”，目的在于认知世界。与《山海经》同步同趋的，是《山海图》。然而，如是因图而画的传统，无法满足文人画作的需求。这个世界外在的现实图景，并不是文人内心的理想图景。在中国美学史上，人们总会发现一个挥之不去的主题，那便是诗画一体，诗即画也，画即诗也。这一判断必须在本体论的层面上加以反思才有意义。换句话说，中国绘画注重线条，西方绘画注重色块，但我们无法推论中国艺术不注重色彩。如是判断非但没有兼顾前文所述及的工匠画作，尤其是清代瓷器的粉彩，也没有考虑到在《全唐诗》《全宋词》里，关于色彩的记忆是多么深刻多么浓烈，比如“红杏枝头春意闹”“春风又绿江南岸”等。“诗画一体”作为一种命题，只有在从宇宙论走向本体论弘阔的艺术发展的历史绵延中才能够被理解和实现。文人画所绘制的“地图”，是一幅心灵的地图，这张地图，是对于这个世界本质的而非经验的判断。这个判断基于某种来源，也即“意”。“写意”之“意”，“心意”之“意”，“情意”之“意”，“意象”之“意”，“意境”之“意”，皆“意”也。

至于《世说新语》，并非没有五色，起码其中有一色极为显著，那便是“白”。“白”作为一个字，原义是天边的“鱼肚白”，也即日出之色。《说文》指出“白”为西方色，商承祚《〈说文〉中之古文考》便曰：“甲骨文、金文、钵文皆……从日锐顶，象日始出地面，光闪耀如尖锐，天色已白，故曰白也。”这意味着，“白”的实质不是一种机械的色谱中的被动色彩，它预示着光明的来临，有使得整个世界渐渐明亮的意思。何谓“白天”？整个世界逐渐明亮起来。正因为如此，“白”才引申出清楚、明白、显赫的涵意。尤其值得注意的是，“白”还可以是动词，指表明、陈述、禀告、报告、告白。为什么？因为事实将通过表明、陈述、禀告、报告、告白而清晰明亮起来。

举一个特殊的例子，《政事》中有一条文献记录："何骠骑作会稽，虞存弟謇作郡主簿，以何见客劳损，欲白断常客，使家人节量，择可通者作白事成，以见存。存时为何上佐，正与謇共食，语云：'白事甚好，待我食毕作教。'食竟，取笔题白事后云：'若得门庭长如郭林宗者，当如所白。汝何处得此人？'謇于是止。"[①] 这段话里，"欲白断常客"中的"白"最难理解，实则为衍文，景宋本及沈本中俱无"白"字，而"白事"出现了三次。何谓"白事"？一般理解为丧事，但这里，却是汇报、报告之事，是呈文。另"当如所白"的"白"，亦为陈述、告白之意。所以"白"作为动词使用，在当时已极为普遍，后世戏曲中的"念白""唱白"，皆同此意。就此而言，此"白"无关于色彩，但却与"白"字的原义有着千丝万缕的联系。

顺便提及，中国美学史上还有一个非常重要的范畴，那便是"留白"。《世说新语》中也有"留白"，然而，此白非彼白。《俭啬》曰："苏峻之乱，庾太尉南奔见陶公。陶公雅相赏重。

---

① （南朝宋）刘义庆著，（南朝梁）刘孝标注，余嘉锡笺疏，周祖谟、余淑宜、周士琦整理：《世说新语笺疏》，上海古籍出版社 1993 年 12 月版，第 180 页。

陶性俭吝，及食，噉薤，庾因留白。陶问：‘用此何为?’庾云：‘故可种。’于是大叹庾非唯风流，兼有治实。”① 此处“留白”之“白”，为薤白，为具体的实体经验物，为食物。由此可知，艺术美学中的“留白”之“白”，并非“白色”之“白”，而是空间，一种带有本质追问和本体涵意的空间，一言以蔽之，乃“空白”。“空白”不只是未曾填满的剩余、空缺，其实质是场域、质性。

与“白”相对的固然是“黑”。“黑”字的本义是“火所熏之色”，也即烟囱被长久熏习的颜色。“黑”离不开建筑。事实上还有其他类似表示黑色的词语，例如“玄”。许慎对“玄”的解释是“幽远也，黑而有赤色者为玄，象幽而入覆之也”。郑玄说“玄”在“緅”“缁”之间，孙诒让则言，“玄”与“缁”同色，其染法以朱为质，当为赤而兼黑的意思。不过，通常与“玄”相对的词是“黄”，如“天玄地黄”，而不是“白”。还有较为常见的是“黛”。“黛”是古代妇女画眉的青黑色颜料，也是古代妇女眉毛的代称，《正字通》则指出，“黛”指山色。还有“黝”，“黝”是一种微青黑色，同于“黟”。

---

① （南朝宋）刘义庆著，（南朝梁）刘孝标注，余嘉锡笺疏，周祖谟、余淑宜、周士琦整理：《世说新语笺疏》，上海古籍出版社 1993 年 12 月版，第 875 页。

“黟”指的是黑木，又是今日黄山的别名。值得注意的是“青”作为一种颜色有着极为复杂的身份。“青”的本义，按照《说文》的讲法，当为“东方色也。木生火，从生丹，丹青之信言象然”。“象然”一作“必然”。东方固然有木，然而生命的颜色却是很难用一种单一的维度来定义的，所以，“青”可以指绿色，亦可指蓝色，除此之外，还可以指黑色，“高堂明镜悲白发，朝如青丝暮如雪”中的“青”，即黑色。无论如何，所谓青黑色事实上是很难准确划定的。五色相互糅合的复杂情况，普遍而多见。

在《世说新语》中，“黑”之出现过4次。

1.《言语》：

“嵇中散语赵景真：‘卿瞳子白黑分明，有白起之风，恨量小狭。’赵云：‘尺表能审玑衡之度，寸管能测往复之气；何必在大，但问识如何耳！’”①

2.《识鉴》：

“诸葛道明初过江左，自名道明，名亚王、庾之下。先为

① （南朝宋）刘义庆著，（南朝梁）刘孝标注，余嘉锡笺疏，周祖谟、余淑宜、周士琦整理：《世说新语笺疏》，上海古籍出版社1993年12月版，第74—75页。

临沂令，丞相谓曰：‘明府当为黑头公。’”[①]

3.《豪爽》：

“王大将军始欲下都处分树置，先遣参军告朝廷，讽旨时贤。祖车骑尚未镇寿春，瞋目厉声语使人曰：‘卿语阿黑：何敢不逊！催摄面去，须臾不尔，我将三千兵，槊脚令上！’王闻之而止。”[②]

4.《容止》：

“谢公云：‘见林公双眼，黯黯明黑。’孙兴公见林公：‘棱棱露其爽。’”[③]

其中，“黑头公”实则是“朝如青丝”之“青丝”的意思，指的是黑发。“卿语阿黑”中的“阿黑”，乃人名。除此之外，另外两处提及“黑”者，恰恰都与明、白对应，用来刻画人的眼睛。在《世说新语》里，人物的神态经常会通过眼睛来描

① （南朝宋）刘义庆著，（南朝梁）刘孝标注，余嘉锡笺疏，周祖谟、余淑宜、周士琦整理：《世说新语笺疏》，上海古籍出版社 1993 年 12 月版，第 395 页。

② （南朝宋）刘义庆著，（南朝梁）刘孝标注，余嘉锡笺疏，周祖谟、余淑宜、周士琦整理：《世说新语笺疏》，上海古籍出版社 1993 年 12 月版，第 594 页。

③ （南朝宋）刘义庆著，（南朝梁）刘孝标注，余嘉锡笺疏，周祖谟、余淑宜、周士琦整理：《世说新语笺疏》，上海古籍出版社 1993 年 12 月版，第 624 页。

绘，例如最著名的桥段，“王右军见杜弘治，叹曰：‘面如凝脂，眼如点漆，此神仙中人。’时人有称王长史形者，蔡公曰：‘恨诸人不见杜弘治耳!’”[①]“面如凝脂，眼如点漆”，实为绝配。白脸小生常有，“何平叔美姿仪，面至白；魏明帝疑其傅粉。正夏月，与热汤饼。既啖，大汗出，以朱衣自拭，色转皎然”[②]。古之男子傅粉者并非绝无仅有，何况何晏好服妇人之服，魏明帝的怀疑并不为过，然与凝脂比，恐略逊一筹。漆器堪称东汉末年之新器具、新工艺，颜色饱和的同时，富有光泽。换句话说，以“白黑”“明黑”之对比来白描人的双眸，无关于绝对的赞美，“瞳子白黑分明，有白起之风，恨量小狭”即可为证明。

与五色笔有关的故事，最为曲折的，莫非江淹。《南史·江淹列传》(卷五十九)：“淹少以文章显，晚节才思微退，云为宣城太守时罢归，始泊禅灵寺渚，夜梦一人自称张景阳，谓曰：‘前以一匹锦相寄，今可见还。’淹探怀中得数尺与之，此

---

① (南朝宋)刘义庆著，(南朝梁)刘孝标注，余嘉锡笺疏，周祖谟、余淑宜、周士琦整理：《世说新语笺疏》，上海古籍出版社1993年12月版，第619页。

② (南朝宋)刘义庆著，(南朝梁)刘孝标注，余嘉锡笺疏，周祖谟、余淑宜、周士琦整理：《世说新语笺疏》，上海古籍出版社1993年12月版，第606页。

人大恚曰：‘那得割截都尽。’顾见丘迟谓曰：‘余此数尺既无所用，以遗君。’自尔淹文章踬矣。又尝宿于冶亭，梦一丈夫自称郭璞，谓淹曰：‘吾有笔在卿处多年，可以见还。’淹乃探怀中得五色笔一以授之。尔后为诗绝无美句，时人谓之才尽。凡所著述，自撰为前后集，并齐史十志，并行于世。尝欲为赤县经以补山海之阙，竟不成。子蘼嗣。”① 中国古代文人，莫不想做一做“江淹梦”，也莫不惧怕自己落得个“江淹才”。江郎才尽，梦碎时，他怀中的五色笔，早已去无踪影。文章本天成，妙手偶得之，中国古代文人所慨叹的这只妙手，手中所把握的，一定是五色笔。这支笔起码有这样几重既定的因文化想象而来的特性，其一，它来自天上，落入人间。其二，它来自梦里，本是虚无。其三，它光耀万丈，落笔即神。其四，它非个人所有，乍现即收。后世贯休写过一首诗，诗名就叫作《笔》，其曰：“何妨成五色，永愿助风骚。”② 在这里，“笔”俨然已不再是一种单纯的书写工具，而与五色合为一体，成了一种向营魄趋近的途径。值得注意的是，江淹只是五色笔偶尔的使用者，并不是五色笔的所有者。如张孜《句》所说：“若

① （唐）李延寿撰，许嘉璐主编，杨忠分史主编：《二十四史全译·南史》汉语大词典出版社 2004 年 1 月版，第 1231 页。

② （唐）贯休，周振甫主编：《唐诗宋词元曲全集》（《全唐诗》第 15 册卷 829），黄山书社 1999 年 1 月版，第 6087 页。

夸郭璞五色笔，江淹却是寻常人。”① 然而有趣的是，这只五色笔最终的“落实”，却是无色的。

另外，五色与绘画有关，这也是毫无疑问的。李白有一首《当涂赵炎少府粉图山水歌》：“南昌仙人赵夫子，妙年历落青云士。讼庭无事罗众宾，杳然如在丹青里。五色粉图安足珍，真仙可以全吾身。若待功成拂衣去，武陵桃花笑杀人。”② 此诗作于天宝十四年（755），当涂为唐属江南东道宣州，接近于现今的安徽马鞍山市。赵炎，也即赵四，天宝时为当涂县尉，与李白过从甚密，李白为他作过《送当涂赵少府赴长芦》《寄当涂赵少府炎》等赠诗。李白很少有题画诗，但《当涂赵炎少府粉图山水歌》却是其中非常著名的一首。“粉图”又称“粉本”，可谓壁画，是粉绘在墙壁上的。李白的意思是说，即便有了这幅五色的壁画，还是真山真水的全真之地最好，似乎五色抵不上自然天真，但李白用五色来形容壁画却因此而有了实际的依据。然而，文人画中，“墨分五色”可谓是把五色都收拢在“黑”中的做法。以焦、浓、重、淡、清，来替代五色，

---

① （唐）张孜，周振甫主编：《唐诗宋词元曲全集》（《全唐诗》第12册卷607），黄山书社1999年1月版，第4550页。

② （唐）李白著，瞿蜕园、朱金城校注：《李白集校注》，上海古籍出版社1980年7月版，第544页。

实则是对五色的本质概括。文人画始于王维，在艺术史上，魏晋士子的发明或为山水诗，然而从历时性上来看，以文人为代表的纯粹案头的艺术创作乃至人生态度，却从东汉末年以来便显露出端倪。五色以其“异化”的方式参与到了这场走向艺术自觉的活动，在“外师造化，中得心源”的创作欲求里，沉潜于作者的心底。

第五章

《闲情偶寄》中的五色镜

中国古代文人之于色彩在本体论意义上的追求，至宋代愈发纯粹，而终究回首，化入民间社会，反哺了日常百姓的戏剧人生。在广袤无边、错落交织，甚至藏污纳垢的民间社会里，文人们怀揣着此岸即彼岸的淡泊情怀，乐不思庙堂，流连忘返于这纷繁复杂、华丽多姿的世间，以之为心灵的寄宿。与此同时，中国古代民间社会里的“自然”也越来越扩大，物产也越来越丰富，贸易也越来越频繁。在各种治器技艺里，五色始终是一个不朽的主题，服装、陶瓷、建筑等家居和生活用品可谓色泽满目。“色即是境”，跨入近代社会以前，在中国古代文化中，五色无疑已然是一种类似于生活本质的深刻记忆。

第一节　民间立场

五色往往具有当下的经验性质。白居易《和春深二十首》（其十四）："何处春深好，春深痛饮家。十分杯里物，五色眼前花。"① 正是如此。花虽好看，却是眼前的，这眼前的花，是五色的。

在民间，五色可以指丝线，杜牧《群斋独酌》："平生五色线，愿补舜衣裳。"② 也可以指帐幕，朱君绪《法师升高座时咏》："尔曰设清斋，帐座罗五色。"③ 可以指春雨，李咸用

① （唐）白居易，周振甫主编：《唐诗宋词元曲全集》（《全唐诗》第8册卷449），黄山书社1999年1月版，第3295页。

② （唐）杜牧著，（清）冯集梧注，陈成校点：《杜牧诗集》，上海古籍出版社2015年11月版，第25页。

③ （唐）朱君绪，周勋初、傅璇琮、郁贤皓、吴企明、佟培基主编：《全唐五代诗（四）》，陕西人民出版社2014年10月版，第1615页。

《红薇》："春雨有五色，洒来花旋成。"[①] 也可以指泥香，李中《燕》："豪家五色泥香，衔得营巢太忙。"[②] 可以指纸笺，杨炯《和郑雠校内省眺瞩思乡怀友》："游雾千金字，飞云五色笺。"[③] 也可以指天书，杨巨源《寄中书同年舍人》："五色天书词焕烂，九华春殿语从容。"[④] 可以指氤氲之气，皎然《答韦山人隐起龙文药瓢歌》："一捧一开如见君，药盛五色香氛氲。"[⑤] 也可以指香烟。皮日休《江南道中怀茅山广文南阳博士三首》（其三）："五色香烟惹内文，石饴初熟酒初醺。"[⑥] 可以指水，贯休《梦游仙四首》（其四）："宫殿峥嵘笼紫气，金

---

① （唐）李咸用，周振甫主编：《唐诗宋词元曲全集》（《全唐诗》第12册卷645），黄山书社1999年1月版，第4794页。

② （唐）李中，周振甫主编：《唐诗宋词元曲全集》（《全唐诗》第14册卷748），黄山书社1999年1月版，第5501页。

③ （唐）杨炯，周振甫主编：《唐诗宋词元曲全集》（《全唐诗》第1册卷50），黄山书社1999年1月版，第436页。

④ （唐）杨巨源，周振甫主编：《唐诗宋词元曲全集》（《全唐诗》第6册卷333），黄山书社1999年1月版，第2448页。

⑤ （唐）皎然，周振甫主编：《唐诗宋词元曲全集》（《全唐诗》第15册卷821），黄山书社1999年1月版，第6027页。

⑥ （唐）皮日休，周振甫主编：《唐诗宋词元曲全集》（《全唐诗》第12册卷613），黄山书社1999年1月版，第4589页。

渠玉砂五色水。”① 也可以指楼台，贯休《洛阳尘》：“我闻富有石季伦，楼台五色干星辰。”② 可以指鳞片，贯休《古意九首》（其八）：“紫皇殿前五色麟，忽然掣断黄金锁。”③ 也可以指骨髓，贯休《拟君子有所思二首》（其一）：“扑碎骊龙明月珠，敲出凤皇五色髓。”④ 可以指蔷薇，张林《柳梢青·灯花》：“半颗安榴，一枝秾杏，五色蔷薇。”⑤ 也可以指窗帘，尹公远《尉迟杯·题卢石溪响碧琴所》：“迟琼楼、五色帘开，唤醒玄鹤飞舞。”⑥

苏州民间绣品同样对“金玉满堂”做出了适应于自身的文化诠释，如“金玉满堂发禄袋”。此发禄袋状如金鱼，金鱼者，

---

① （唐）贯休，周振甫主编：《唐诗宋词元曲全集》（《全唐诗》第15册卷826），黄山书社1999年1月版，第6062页。

② （唐）贯休，周振甫主编：《唐诗宋词元曲全集》（《全唐诗》第15册卷826），黄山书社1999年1月版，第6062页。

③ （唐）贯休，周振甫主编：《唐诗宋词元曲全集》（《全唐诗》第15册卷826），黄山书社1999年1月版，第6063页。

④ （唐）贯休，周振甫主编：《唐诗宋词元曲全集》（《全唐诗》第15册卷827），黄山书社1999年1月版，第6071页。

⑤ （宋）张林，周振甫主编：《唐诗宋词元曲全集》（《唐宋全词》第8册），黄山书社1999年1月版，第2964页。

⑥ （宋）尹公远，周振甫主编：《唐诗宋词元曲全集》（《唐宋全词》第8册），黄山书社1999年1月版，第3049页。

锦鱼也，与“金玉”的发音相似，故以金鱼为形。换句话说，“金玉满堂发禄袋”并不是金色的，其底色玉白，上绣缠枝连理之花，以银线和丝绦收边，缀以流苏三条。[①]“金玉满堂”之“金”，作为一种语词，再次因语言符号的“能指”而发生了次第的“滑动”“偏离”“变异”，其现实形式已与色彩全然无关，金玉者，非黄金美玉也，乃锦鱼也。另如苏州民间绣品，“金殿唱题名片袋”，其底色为暗红色，上绣一只螃蟹，寓意为得中“一甲”。[②] 值得注意的是，凡是刻画雕镂刺绣螃蟹者，通常与甲字登科有关。[③] 具体而言，这只螃蟹的甲壳是金黄色的，这种金黄色甲壳的螃蟹在现实世界里并不存在，所谓金黄的颜色，不过是对应于科举及第，唱题活动中，由榜单人名书于黄纸上而得来的，盖谓之“黄甲”，另可见“一甲高中钱褡”。[④] 所以，螃蟹甲壳的金黄实为人文涵义的附着，是

---

① 参见宁方勇、沈建东编著：《丝线上的风雅——苏州民俗博物馆馆藏民间绣品》，江西人民出版社2010年8月版，第45页。

② 参见宁方勇、沈建东编著：《丝线上的风雅——苏州民俗博物馆馆藏民间绣品》，江西人民出版社2010年8月版，第96页。

③ 参见宁方勇、沈建东编著：《丝线上的风雅——苏州民俗博物馆馆藏民间绣品》，江西人民出版社2010年8月版，第112页。

④ 参见宁方勇、沈建东编著：《丝线上的风雅——苏州民俗博物馆馆藏民间绣品》，江西人民出版社2010年8月版，第152页。

“平添”在螃蟹的“身体”上的。有趣的是，这只金黄色的螃蟹旁边，布满了不同种类的水草，似乎在提示着螃蟹现实的生活环境，让人误以为它是活物。这恰恰是一种将超验的寓意蕴涵于经验世界的努力，人的此岸世界与彼岸世界，由此产生了冲突和叠合。

《闲情偶寄》包括《词曲部》《演习部》《声容部》《居室部》《器玩部》《饮馔部》《种植部》《颐养部》八个部分，所涉及的内容有戏曲、歌舞、服饰、修容、园林、建筑、花卉、器玩、颐养、饮食等令人眼花缭乱、目不暇接的品类。《闲情偶寄》之所以能够成为一部跨越了各种“学科”，汇集了各种“领域”的研究性“专著”，追根溯源，或许可以归结为李渔的个人性情使然。浙江古籍出版社于 2010 年 6 月出版《李渔全集》，这套书以 1991 年的《李渔全集》为底本，补入了 20 世纪 90 年代以来关于李渔的研究成果，合成 20 卷，共收录了李渔的《笠翁一家言文集》《笠翁一家言诗词集》《闲情偶寄》《笠翁传奇十种》《笠翁阅定传奇八种》《无声戏》《连城壁》《十二楼》《合锦回文传》《李笠翁批阅〈三国志〉》《新刻绣像批评〈金瓶梅〉》《古今史略》《千古奇闻》《资治新书》《评鉴传奇》及其他杂著等，囊括了李渔已知的全部著作，卷帙浩繁，体量惊人，甚可谓“车载斗量”。从某种程度上来说，李渔的著作仅仅从形式上来看，多多少少有些类似于西方的博物学。但这二者之间，实有天壤之别。

西方博物学文化涵盖了天文地理、动植物、人类的各种活动等，其本质却可以用一个词来概括，即“帝国哲学”。博物学与人类学、航海学乃至认识论的共性在于，皆可谓西方殖民文化的代表。这一系列的学说秉承了牛顿、达尔文以及马丁路德以来的资本主义实践理性原则，在认识自然、改造自然的同时，西方中心主义的殖民文化基因得以不断复制。博物之物，为吾所有，其表象博广芜杂，故需以吾之理性探查、掌控，从而实现文化的输出，这便是帝国博物学存在的基础。此与李渔的出发点有大不同。

前文已提到，中国古代文人文化因玄学而上继先秦，有了第二次“自觉”“勃兴”。如果说魏晋南北朝文化的重点在于山水，在于生命视域的履历更新的话，那么，隋唐文化的重点则在于法度，在于使中原文化与西域文化的融合有法可依。这意味着，隋唐事实上仍旧处于自魏晋南北朝以来各种文化交叠、错生、倾轧、挤压，同时又需要彼此了解、认同的过程中，这是一个非常漫长的过程。直至程朱理学，借助于复古之力（与孔子“同流”），儒家，确切地说，新儒家才终于能够创造性地汲取玄佛之思。三教贯通为一脉，这一历史过程才得以完成。

这便带来一重疑问，明清文化，如明清交接之际之李渔，为什么没有继续在文人化的反思之路上更加抽象、纯粹、决绝，这是因为，有生命在，生命文化是中国古代文化的主调。生命太顽强了，太强大了！一个显在的事实是，虽然魏晋南北朝时期先民的悲观与绝望情绪因内外交困而哀鸿遍野，乃至引入了以思考死亡、思考苦难为主旨的佛教教义，但崇尚生命的文化基因在吸纳了死亡这一维度之后，依旧回到了生命中，回到了那鸢飞鱼跃中，活泼泼起来，而慨然拒绝死灰槁木。佛教被改造得面目全非，庄禅合流，致使大乘佛教的“末路”走上了“百姓日用即是道”，“如人饮水冷暖自知”的歧途。

一旦贯通了“此岸即彼岸”之逻辑，中国古代文人的价值取向也就回到了民间。为什么？不是因为其丰富，而是因为这就是土壤。“民间”概念不是文化的异族形态抑或被征服之地，不涉及强力推行的种族的同化、宗教的统一、文明的启蒙、资本的殖民，而是在上问九天，下问沧海之后，文人智识阶层所重新返归的精神母体。质言之，民间社会，给他们带来的是“家园感”。一念三千，一即一切，即心即佛，生活是修行，百姓是道场。中国古代文人更愿意甩掉理性求索的包袱，就像甩掉功名利禄一样，以出世入世，用他们比百姓更为敏感更为细腻，更为丰沛，更具有解释力、想象力和情绪冲动的心灵之笔，来圆融一个开放性的意趣横生的大千世界。

香薰之用途，往往与人们之于彼岸世界的希冀、幻想有关。现藏于苏州博物馆的红陶鸟形香薰，口径 7.7 厘米，通高 11.2 厘米，为西汉时期的器物，胎色灰白，子母口，折腹平底，笠形扭盖饰以立鸟。[①] 香薰的重点在于烟道，也即出气的孔洞，这只红陶鸟形香薰出气的孔洞为三角形，共五个，位于笠形盖上，类似于一种装饰的纹路，每一孔洞之间构成的角度，大概在 72 度左右，环绕一周，共 360 度。这样一种烟道的组合，象征着五方，更喻示着天下。

李渔说："曲文之词采，与诗文之词采非但不同，且要判然相反。何也？诗文之词采，贵典雅而贱粗俗，宜蕴借而忌分明。词曲不然，话则本之街谈巷议，事则取其直说明言。凡读传奇而有令人费解，或初阅不见其佳，深思而后得其意之所在者，便非绝妙好词，不问而知为今曲，非元典也。元人非不读书，而所制之曲，绝无一毫书本气，以其有书而不用，非当用而无书也，后人之曲则满纸皆书矣。元人非不深心，而所填之词，皆觉过于浅近，以其深而出之以浅，非借浅以文其不深也，后人之词则心口皆深矣。"李渔明确区分了曲文和诗文，在他看来，好的曲文与不好的曲文是两个不同的概念，前者深入浅出，"绝无一毫书本气"，后者则"满纸皆书"，更类似于

① 参见苏州博物馆编著：《苏州博物馆藏出土文物》，文物出版社 2009 年 10 月版，第 126 页。

诗文的改版。换句话说，李渔在对曲文创作进行“去书本化”的同时，表明了他的“民间立场”——他是要让曲文回到民间，丢掉“书袋”的束缚，以鲜活而开放的日常生活世界冲淡用典而致故作风雅的文人传统。“词家绳墨，只在《谱》《韵》二书，合谱合韵，方可言才，不则八斗难克升合，五车不敌片纸，虽多虽富，亦奚以为？”

值得强调的是，如是民间立场并不是非此即彼的选择结果。李渔有言：“阳明登坛讲学，反复辨说‘良知’二字，一愚人讯之曰：‘请问‘良知’这件东西，还是白的？还是黑的？’阳明曰：‘也不白，也不黑，只是一点带赤的，便是良知了。’照此法填词，则离合悲欢，嘻笑怒骂，无一语一字不带机趣而行矣。”我们从克尔凯郭尔、陀思妥耶夫斯基那里一再听到的对“非此即彼”“非黑非白”的批判并不适用于李渔，因为李渔所期待的，是带一点点赤色（赤子之心的颜色），则“离合悲欢，嘻笑怒骂，无一语一字不带机趣而行”。换句话说，李渔的民间立场并不是一场意在破旧立新的革命，虽然这一立场在实质上构成了对此前文人立场的消解和淡化，但李渔所为，更类似于一种文化的回归与浸润，他是带着文人的书卷回到民间的。

这样一种立场，之于五色而言，无疑是一种复兴的力量。

这是因为，日常生活世界恰恰是五颜六色、五彩缤纷的，人们所拥抱的是现实的生命，也就自然会展现出一种色彩缤纷的现量与变量。

第二节　色即是境

然而，之于色，李渔最出色的描述，是女子的脂粉妆容："今世讳言脂粉，动称污人之物，有满而是粉而云粉不上面，遍唇皆脂而曰脂不沾唇者，皆信唐诗太过，而欲以虢国夫人自居者也。噫，脂粉焉能污人，人自污耳。人谓脂粉二物，原为中材而设，美色可以不需。予曰：不然。惟美色可施脂粉，其余似可不设。何也？二物颇带世情，大有趋炎附热之态，美者用之愈增其美，陋者加之更益其陋。使以绝代佳人而微施粉泽，略染腥红，有不增娇益媚者乎？使以媸颜陋妇而丹铅其面，粉藻其姿，有不惊人骇众者乎？询其所以然之故，则以白者可使再白，黑者难使遽白；黑上加之以白，是欲故显其黑，而以白物相形之也。试以一墨一粉，先分二处，后合一处而观之，其分处之时，黑自黑而白自白，虽云各别其性，未甚相仇也；迨其合外，遂觉黑不自安，而白欲求去。相形相碍，难以一朝居者，以天下之物，相类者可使同居，即不相类而相似者，亦可使之同居，至于非但不相类、不相似，而且相反之物，则断断勿使同居，同居必为难矣。此言粉之不可混施也。脂则不然，面白者可用，面黑者亦可用。但脂粉二物，其势相依，面上有粉而唇上涂脂，则其色灿然可爱，倘面无粉泽而止丹唇，非但红色不显，且能使面上之黑色变而为紫，以紫之为色，非系天生，乃红黑二色合而成之者也。黑一见红，若逢故物，不求合而自合，精光相射，不觉紫气东来，使乘老子青牛，竟有五色灿然之瑞矣。若是，则脂粉二物，竟与若辈无缘，终身可不用矣，何以世间女子人人不舍，刻刻相需，而人亦未尝以脂粉多施，摈而不纳者？曰：不然。予所论者，乃面色最黑之人，所谓不相类、不相似，而且相反者也。若介在黑白之间，则相类而相似矣，既相类而相似，有何不可同居？但须施之有法，使浓淡得宜，则二物争效其灵矣。从来傅粉之面，止耐远观，难于近视，以其不能匀也。画士着色，用胶始匀，无胶则研杀不合。人面非同纸绢，万无用胶之理，此其所以不匀也。有法焉：请以一次分为二次，自淡而浓，由薄而厚，则可保无是患矣。请以他事喻之。砖匠以石灰粉壁，必先上粗灰一次，后上细灰一次；先上不到之处，后上者补之；后上偶遗之处，又有先上者衬之，是以厚薄相均，泯然无迹。使以二次所上之灰，并为一次，则非但拙匠难匀，巧者亦不能遍及矣。粉壁且然，况粉面乎？今以一次所傅之粉，分为二次傅之，先傅一次，俟其稍干，然后再傅第二次，则浓者淡而淡者浓，虽出无心，自能巧合，远观近视，无不宜矣。此法不但能匀，且能变换肌肤，使黑者渐白。何也？染匠之于布帛，无不由浅而深，其在深浅之间者，则非浅非深，另有一色，即如文字之有过文也。如欲染紫，必先使白变红，再使红变为紫，红即白紫之过文，未有由白竟紫者也。如欲染青，必使白变为蓝，再使蓝变为青，蓝即白青之过文，未有由白竟青者也。如妇人面容稍黑，欲使竟变为白，其势实难。今以薄粉先匀一次，是其面上之色已在黑白之间，非若曩时之纯黑矣；再上一次，是使淡白变为深白，非使纯黑变为全白也，难易之势，不大相径庭哉？由此推之，则二次可广为三，深黑可同于浅，人间世上，无不可用粉匀面之妇人矣。此理不待验而始明，凡读是编者，批阅至此，即知湖上笠翁原非蠢物，不止为风雅功臣，亦可谓红裙知己。初论面容黑白，未免立说过严。非过严也，使知受病实深，而后知德医人，果有起死回生之力也。舍此更有二说，皆浅乎此者，然亦不可不知；匀面必须匀项，否则前白后黑，有如戏场之鬼脸。至于点唇之法，又与匀面相反，一点即成，始类樱桃之体；若陆续增添，二三其手，即有长短宽窄之痕，是为成串樱桃，非一粒也。”

女子需不需要容妆？容妆为中材女子而设，还是所有女子，包括美色在内的女子也需要容妆？女子脂粉妆容美化女性的基本逻辑是什么？如何来构筑适应于自身的脂粉容妆之色彩美学？

显然，容妆是为所有女子普设的，无论上中下等第之分。在李渔的心目中，外部修饰的基本逻辑是类别逻辑，以及类别之间的理解与配合。一方面，“以天下之物，相类者可使同居，即不相类而相似者，亦可使之同居，至于非但不相类、不相似，而且相反之物，则断断勿使同居，同居必为难矣。此言粉之不可混施也。脂则不然，面白者可用，面黑者亦可用”。脂粉两分，脂可通用，粉不可混施于不相类、不相似的相反之物。另一方面，“脂粉二物，其势相依，面上有粉而唇上涂脂，则其色灿然可爱，倘面无粉泽而止丹唇，非但红色不显，且能使面上之黑色变而为紫，以紫之为色，非系天生，乃红黑二色合而成之者也”。脂粉合并，面粉唇脂，灿然可爱。

在此基础上，粉面与点唇又为二路。粉面秉持的是渐变原则，层层递进；点唇依据的是突变原理，“一点即成”。此二路之间，李渔对前者有着极为详尽的细述，他以粉壁为例，拿建筑中的施工程序来应证粉面的层次原则，并提出了“过文”这一特殊概念。其曰：“在深浅之间者，则非浅非深，另有一色，即如文字之有过文也。如欲染紫，必先使白变红，再使红变为紫，红即白紫之过文，未有由白竟紫者也。如欲染青，必使白变为蓝，再使蓝变为青，蓝即白青之过文，未有由白竟青者也。”这意味着，“过文”也即一种色彩变化的过渡形态、中间形态，类似于从“一”到“十”当中的“五”。白为一，紫为十，需要一种过渡形态，也即红，红为五；白为一，青为十，需要一种中间形态，也即蓝，蓝为五。白通过红，转化为紫；白通过蓝，转化为青。换句话说，李渔细数了色彩变幻的细腻过程。然而，这一渐变原则又不是普世的、通设的，“点唇之法，又与匀面相反，一点即成，始类樱桃之体；若陆续增添，二三其手，即有长短宽窄之痕，是为成串樱桃，非一粒也”，这显然是利用了色彩中的突变原理。无论如何，李渔之于色彩的质料、类别、变化、作用的理解，可谓皆达于极致。

值得注意的一个细节是，李渔所谓的“青”，指的是黑色。“青”本从于东方之木，在不同的文化时期里，可以指绿色，可以指蓝色，也可以指黑色，在这里，指的是黑色。否则，也就无所谓从白到蓝到青的过程。李渔的服装色彩美学，与此是严格对应的。其曰：“迩来衣服之好尚，其大胜古昔，可为一定不移之法者，又有大背情理，可为人心世道之忧者，请并言之。其大胜古昔，可为一定不移之法者，大家富室，衣色皆尚青是已。（青非青也，玄也。因避讳，故易之。）记予儿时所见，女子之少者，尚银红桃红，稍长者尚月白，未几而银红桃红皆变大红，月白变蓝，再变则大红变紫，蓝变石青。迨鼎革以后，则石青与紫皆罕见，无论少长男妇，皆衣青矣，可谓

'齐变至鲁，鲁变至道'，变之至善而无可复加者矣。其递变至此也，并非有意而然，不过人情好胜，一家浓似一家，一日深于一日，不知不觉，遂趋到尽头处耳。然青之为色，其妙多端，不能悉数。但就妇人所宜者而论，面白者衣之，其面愈白，面黑者衣之，其面亦不觉其黑，此其宜于貌者也。年少者衣之，其年愈少，年老者衣之，其年亦不觉甚老，此其宜于岁者也。贫贱者衣之，是为贫贱之本等，富贵者衣之，又觉脱去繁华之习，但存雅素之风，亦未尝失其富贵之本来，此其宜于分者也。他色之衣，极不耐污，略沾茶酒之色，稍侵油腻之痕，非染不能复着，染之即成旧衣。此色不然，惟其极浓也，凡淡乎此者，皆受其侵而不觉；惟其极深也，凡浅乎此者，皆纳其污而不辞，此又其宜于体而适于用者也。"其中，李渔还自己给自己加了个注释："青非青也，玄也。因避讳，故易之。"换句话说，他所谓的青衣，指的是玄色的皂衫。这种玄色皂衫，适用的人群极为广泛，"就妇人所宜者而论，面白者衣之，其面愈白，面黑者衣之，其面亦不觉其黑，此其宜于貌者也。年少者衣之，其年愈少，年老者衣之，其年亦不觉甚老，此其宜于岁者也。贫贱者衣之，是为贫贱之本等，富贵者衣之，又觉脱去繁华之习，但存雅素之风，亦未尝失其富贵之本来，此其宜于分者也"。由此可见，李渔深谙色彩的配比原理和效果。另如他还提到，"云肩以护衣领，不使沾油，制之最善者也。但须与衣同色，近观则有，远视若无，斯为得体。即使难于一色，亦须不甚相悬。若衣色极深，而云肩极浅，或衣色极浅，而云肩极深，则是自首判然，虽曰相连，实同异处，此最不相宜之事也。予又谓云肩之色，不惟与衣相同，更须里外合一，如外色是青，则夹里之色亦当用青，外色是蓝，则夹里之色亦当用蓝。何也？此物在肩，不能时时服贴，稍遇风飘，则夹里向外，有如飓吹残叶，风卷败荷，美人之身不能不现历乱萧条之象矣。若使里外一色，则任其整齐颠倒，总无是患。然家常则已，出外见人，必须暗定以线，勿使与服相离，盖动而色纯，总不如不动之为愈也”。另，“袜色与鞋色相反，袜宜极浅，鞋宜极深，欲其相形而始露也。今之女子，袜皆尚白，鞋用深红深青，可谓尽制。然家家若是，亦忌雷同。予欲更翻置色，深其袜而浅其鞋，则脚之小者更露。盖鞋之为色，不当与地色相同。地色者，泥土砖石之色是也。泥土砖石其为色也多深，浅者立于其上，则界限分明，不为地色所掩。如地青而鞋亦青，地绿而鞋亦绿，则无所见其短长矣。脚之大者则应反此，宜视地色以为色，则藏拙之法，不独使高底居功矣。鄙见若此，请以质之金屋主人，转询阿娇，定其是否”。

在李渔的审美偏好里，白具有极为显赫的地位，他曾经说过：“妇人妩媚多端，毕竟以色为主。《诗》不云乎‘素以为绚兮’？素者，白也。妇人本质，惟白最难。常有眉目口齿般般入画，而缺陷独在肌肤者。岂造物生人之巧，反不同于染匠，未施漂练之力，而遽加文采之工乎？曰：非然。白难而色易也。曷言乎难？是物之生，皆视根本，根本何色，枝叶亦作何色。人之根本维何？精也，血也。精色带白，血则红而紫矣。多受父精而成胎者，其人之生也必白。父精母血交聚成胎，或血多而精少者，其人之生也必在黑白之间。若其血色浅红，结而为胎，虽在黑白之间，及其生也，豢以美食，处以曲房，犹可日趋于淡，以脚地未尽缁也。有幼时不白，长而始白者，此类是也。至其血色深紫，结而成胎，则其根本已缁，全无脚地可漂，及其生也，即服以水晶云母，居以玉殿琼楼，亦难望其变深为浅，但能守旧不迁，不致愈老愈黑，亦云幸矣。有富贵之家，生而不白，至长至老亦若是者，此类是也。知此，则知选材之法，当如染匠之受衣。有以白衣使漂者受之，易为力也；有白衣稍垢而使漂者亦受之，虽难为力，其力犹可施也；若以既染深色之衣，使之剥去他色，漂而为白，则虽什佰其工价，必辞之不受。以人力虽巧，难拗天工，不能强既有者而使之无也。妇人之白者易相，黑者亦易相，惟在黑白之间者，相之不易。有三法焉：面黑于身者易白，身黑于面者难白；肌肤之黑而嫩者易白，黑而粗者难白；皮肉之黑而宽者易白，黑而紧且实者难白。面黑于身者，以面在外而身在内，在外则有风吹日晒，其渐白也为难；身在衣中，较面稍白，则其由深而浅，业有明征，使面亦同身，蔽之有物，其验亦若是矣，故易白。身黑于面者反此，故不易白。肌肤之细而嫩者，如绫罗纱绢，其体光滑，故受色易，退色亦易，稍受风吹，略经日照，则深者浅而浓者淡矣。粗则如布如毯，其受色之难，十倍于绫罗纱绢，至欲退之，其工又不止十倍，肌肤之理亦若是也，故知嫩者易白，而粗者难白。皮肉之黑而宽者，犹糸由缎之未经熨，靴与履之未经楦者，因其皱而未直，故浅者似深，淡者似浓，一经熨楦之后，则纹理陡变，非复曩时色相矣。肌肤之宽者，以其血肉未足，犹待长养，亦犹待楦之靴履，未经烫熨之绫罗纱绢，此际若此，则其血肉充满之后必不若此，故知宽者易白，紧而实者难白。相肌之法，备乎此矣。若是，则白者、嫩者、宽者为人争取，其黑而粗、紧而实者遂成弃物乎？曰：不然。薄命尽出红颜，厚福偏归陋质，此等非也，皆素封伉俪之材，诰命夫人之料也。”这段话写得极为精致，之于妇人之色的体验，可谓丝丝入扣，难掩其对色白的偏爱。白里透红、黑里透红，展示的是生命原始力量，文人的审美雅调却不同，他们渴望素净，渴望不经风雨的“温室”感。李渔的审美取向可谓后者的代表。

李渔之于色彩的敏感，不局限于人体的穿搭，还体现在他之于建筑的审美理性里。例如他所提到的室内色彩美学：“其能幻有为无者，全在油漆时善于着色。如栏杆之本体用朱，则所托之板另用他色。他色亦不得泛用，当以屋内墙壁之色为色。如墙系白粉，此板亦作粉色；壁系青砖，此板亦肖砖色。自外观之，止见朱色之纹，而与墙壁相同者，混然一色，无所辨矣。至栏杆之内向者，又必另为一色，勿与外同，或青或蓝，无所不可，而薄板向内之色，则当与之相合。自内观之，又别成一种文理，较外尤可观也。”朱栏所托，另用他色，却又不是泛用他色，而“当以屋内墙壁之色为色”。如是做法的目的是，“自外观之，止见朱色之纹，而与墙壁相同者，混然一色，无所辨矣”。不仅如此，“至栏杆之内向者，又必另为一色，勿与外同，或青或蓝，无所不可，而薄板向内之色，则当与之相合。自内观之，又别成一种文理，较外尤可观也”。除此之外，他还提到过匾额，“匾用方式，亦偶见之。然皆白地黑字，或青绿字。兹效石刻为之，嵌于粉壁之上，谓之匾额可，谓之碑文亦可。名虽石，不果用石，用石费多而色不显，不若以木为之。其色亦不仿墨刻之色，墨刻色暗，而远视不甚分明。地用墨漆，字填白粉，若是则值既廉，又使观者耀目。此额惟墙上开门者宜用之，又须风雨不到之处。客之至者，未启双扉，先立漆书壁经之下，不待搴帷入室，已知为文士之庐矣”。如是原理，还可用于园艺之中，“结屏之花，蔷薇居首。其可爱者，则在富于种而不一其色。大约屏间之花，贵在五彩缤纷，若上下四旁皆一其色，则是佳人忌作之绣，庸工不绘之图，列于亭斋，有何意致？他种屏花，若木香、酴醾、月月红诸本，族类有限，为色不多，欲其相间，势必旁求他种。蔷薇之苗裔极繁，其色有赤，有红，有黄，有紫，甚至有黑；即红之一色，又判数等，有大红、深红、浅红、肉红、粉红之异。屏之宽者，尽其种类所有而植之，使条梗蔓延相错，花时斗丽，可傲步障于石崇。然征名考实，则皆蔷薇也。是屏花之富者，莫过于蔷薇。他种衣色虽妍，终不免于捉襟露肘”。

至于文学，填词所需要的“粉本”，也蕴涵着色彩美学的味道。李渔有言：“填词首重音律，而予独先结构者，以音律有书可考，其理彰明较著。自《中原音韵》一出，则阴阳平仄画有塍区，如舟行水中，车推岸上，稍知率由者，四欲故犯而不能矣。《啸余》《九宫》二谱一出，则葫芦有样，粉本昭然。前人呼制曲为填词，填者，布也，犹棋枰之中画有定格，见一格，布一子，止有黑白之分，从无出入之弊，彼用韵而我叶之，彼不用韵而我纵横流荡之。至于引商刻羽，戛玉敲金，虽曰神而明之，匪可言喻，亦由勉强而臻自然，盖遵守成法之化境也。”前文曾提到，“白”可以是使之明白的动词含义，至于戏曲，则有念白。此“白”是戏曲创作中非常重要的环节。“传奇一事也，其中义理分为三项：曲也，白也，穿插联络之关目也。元人所长者止居其一，曲是也，白与关目皆其所短。吾于元人，但守其词中绳墨而已矣。”时值李渔的时代，文学理论中的“白描”一词已经出现，如“杭有才人沈孚中者，所制《绾春园》《息宰河》二剧，不施浮采，纯用白描，大是元人后劲。予初阅时，不忍释卷，及考其声韵，则一无定轨，不惟偶犯数学，竟以寒山、桓欢二韵，合为一处用之，又有以支思、刘微、鱼模三韵并用者，甚至以真文、庚青、侵寻三韵，不论开口闭口，同作一韵用者。长于用才而短于择术，致使佳调不传，殊可痛惜”。其中，就用到了“白描”二字。“白描”的手法，虽不与色彩之“白”有直接的关系，却与宾白之“白”有间接的关系。“尝谓曲之有白，就文字论之，则犹经文之于传注；就物理论之，则如栋梁之于榱桷；就人身论之，则如肢体之于血脉，非但不可相轻，且觉稍有不称，即因此贱彼，竟作无用观者。故知宾白一道，当与曲文等视，有最得意之曲文，即当有最得意之宾白，但使笔酣墨饱，其势自能相生。常有因得一句好白，而引起无限曲情，又有因填一首好词，而生出无穷话柄者。是文与文自相触发，我止乐观厥成，无所容其思议。此系作文恒情，不得幽渺其说，而作化境观也。”

无论如何，李渔所描述的大量的色彩美学实践案例里，五色是欢腾的、雀跃的、生机盎然的。民间社会本是一种生命力交织错生、彼此对冲撞击，甚至嘈杂无序的世界，而这正是李渔投向其中的理由。色彩美学于李渔，臻于极致，他把色彩的类别与变幻编织在他细腻的心底里，可谓中国古代晚期文人中，一种极具代表性的色彩审美形态。

明清之于中国文人，是一个最坏的时代，也是一个最好的时代。这是一个最坏的时代，统观、通贯中西方文化史，明清文人之于世界文化的创造力远不如前，这与当时停滞不前的社会风貌同步并趋。但这又是一个最好的时代，汉学与宋学在纷争的同时得以总结，自元画以来，明清包括家具工艺在内的造园艺术达到了中国古代艺术文化史上的巅峰，明清的小说、戏曲、舞台剧，明清的茶花、品茗、考据、辞章义理、书法，无不臻于极致。在这个丰富而多姿多彩的世界里，五色终于摆脱了意识形态的束缚，乃至文人心性怡情的单向度满足，而投入完全活脱的民间话语谱系里，具体而盛通，貌合神俱。

第三节 “增一”五色

五色本是古人对宇宙的想象和总结，尤其是对天象，对天象之光彩的描摹。曹丕《芙蓉池作诗》：“丹霞夹明月，华星出云间。上天垂光彩，五色一何鲜。”① 薛涛《赋凌云寺二首》：“闻说凌云寺里花，飞空绕磴逐江斜。有时锁得嫦娥镜，镂出瑶台五色霞。”② 上天的光彩有可能是黑色的吗？这里的五色是就五色的整体性而言的，指的是色彩的浑整。庾信《周宗庙歌十二首》（其十）中亦有“烟云同五色，日月并重轮”③ 的句子，另《周五声调曲二十四首》（其二十二）之“云玉叶而

---

① （三国）曹丕，陈庆元撰：《三曹诗选评》，上海古籍出版社 2018 年 7 月版，第 54 页。

② （唐）薛涛，周振甫主编：《唐诗宋词元曲全集》（《全唐诗》第 15 册卷 803），黄山书社 1999 年 1 月版，第 5883 页。

③ （南北朝）庾信，（宋）郭茂倩编撰，聂世美、仓阳卿校点：《乐府诗集》，上海古籍出版社 1998 年 11 月版，第 121 页。

五色，月金波而两轮”[①]，萧纲《咏云诗》之“浮云舒五色，玛瑙应霜天。玉叶散秋影，金风飘紫烟”[②]，都是类似的意思。正因为五色与天象相应，所以它才因光彩而照人。李白《永王东巡歌十一首》(其三)：“雷鼓嘈嘈喧武昌，云旗猎猎过寻阳。秋毫不犯三吴悦，春日遥看五色光。”[③] 更极端的表述是，光是因五色而生起的。李行敏《省试观庆云图》：“光因五色起，影向九霄分。”[④] 不是光有五色，而是光因五色而起。

在道德比附上，春日有五色之光。李峤《河》：“德水千年变，荣光五色通。若披兰叶检，还沐土皇风。”[⑤] 五色亦与德行相对，而特指荣光。另张良器《河出荣光》：“引派昆山峻，

---

① (南北朝) 庾信，(宋) 郭茂倩编撰，聂世美、仓阳卿校点：《乐府诗集》，上海古籍出版社 1998 年 11 月版，第 189 页。

② (南北朝) 萧纲，逯钦立辑校：《先秦汉魏晋南北朝诗》，中华书局 1983 年 9 月版，第 1972 页。

③ (唐) 李白著，瞿蜕园、朱金城校注：《李白集校注》，上海古籍出版社 1980 年 7 月版，第 548 页。

④ (唐) 李行敏，周振甫主编：《唐诗宋词元曲全集》(《全唐诗》第 7 册卷 368)，黄山书社 1999 年 1 月版，第 2718 页。

⑤ (唐) 李峤，周振甫主编：《唐诗宋词元曲全集》(《全唐诗》第 2 册卷 59)，黄山书社 1999 年 1 月版，第 497 页。

朝宗海路长。千龄逢圣主，五色瑞荣光。”[①] 古人以为，河与海的关系，是河朝拜于海，是为“朝宗”。在这里，“五色”与“千龄”相对。权德舆《河南崔尹即安喜从兄宜于室家四十余岁一昨寓书病传永写告身既枉善祝因成绝句》：“五色金光鸾凤飞，三川墨妙巧相辉。尊崇善祝今如此，共待曾玄捧翟衣。”[②] 据《隋书·礼仪志六》可知，“翟衣”是一种皇后、诸公夫人、诸男夫人，在皇帝祭祀郊禖时所着的礼服。“五色”与“三川”相对，正是一种金光四射的吉象。不过，值得注意的是，五色并不只是儒家的道德比附，而比道德的实际含义宽泛得多，它更多地指向天地，指向宇宙论的理论假设。所以，五色世界的实质是彼岸世界，尤其是彼岸的完整世界。释楚峦《青城山观》：“静见门庭紫气生，前山岚霭入楼青。玉坛醮罢鬼神喜，金鼎药成鸡犬灵。岩下水光分五色，壶中人寿过千龄。何当一日抛凡骨，骑取苍龙上杳冥。”[③] 在这里，“五色”虽谓水之光彩，而实则再次与“千龄”相对，烘托出的是一个充满了奇幻

---

① （唐）张良器，周振甫主编：《唐诗宋词元曲全集》（《全唐诗》第11册卷557），黄山书社1999年1月版，第4208页。

② （唐）权德舆，黄勇主编：《唐诗宋词全集》（第3册卷329），北京燕山出版社2007年7月版，第1036页。

③ （宋）释楚峦，（清）厉鹗辑撰：《宋诗纪事（四）》，上海古籍出版社2013年8月版，第2203页。

色彩的道教意义上的彼岸混元世界。丰稷写过一首《和运司园亭》（其六）之《翠锦亭》，其中有一句话说“有德必有文，烂兮五色备”[①]，就显得极其重要，因为五色的实际意义，正是齐备、完备、浑整！

在此基础上，我们才能够理解，为什么孙悟空们、吉祥菩萨们、如来佛祖们要脚踩五色祥云来接引众生？五色云本是可见的。《宋史·韩琦列传》曾曰：“韩琦字稚圭，相州安阳人。父国华，自有传。琦风骨秀异，弱冠举进士，名在第二。方唱名，太史奏日下五色云见，左右皆贺。”[②] 其中便出现过五色云的吉兆瑞相。不过在更多的场合里，五色云往往是一种被神化、被渲染的特定征兆。《失调名·五台山赞十八首》（其十八）：“五色云里化金桥。大悲和尚把幡招。有缘佛子桥上过，无缘佛子逆风飘。”[③]《三归依·调名本意》（其二）：“到净土，五色祥云满路，双童引，频伽舞，一回风动响珊珊，闻者轻播

---

① （明）曹学全：《蜀中名胜记》，重庆出版社 1984 年 10 月版，第 53 页。

② （元）蔑里乞·脱脱、阿尔拉·阿鲁图撰，许嘉璐主编，倪其心分史主编：《二十四史全译·宋史》（第 11 册），汉语大词典出版社 2004 年 1 月版，第 7019 页。

③ 任半塘编著：《敦煌歌辞总编》，上海古籍出版社 2006 年 7 月版，第 864 页。

阶鼓，慈悲主。接引众生，同到净土。”① 《化生子·化生童子赞》：“化生童子上金桥，五色云擎宝座遥，合掌惟称无量寿，八十亿劫罪根消。”② 敦煌曲子里说得很清楚，因为五色云是道，是路，是桥。在屈原的想象世界里，五色是飞升上空，车舆的旗帜的颜色，在经历了漫长的文化变衍之后，五色已然是飞升上空的车舆行走的道路本身。当然，这条路不是土做的、木做的，而是云做的、雾做的。另如韩偓《无题》（其二）“合成云五色，宜作日中轮”③ 亦是如此。

无路如何，五色作为一种文化现象，是建立在整体世界上的，是对整体世界的增饰乃至增设。世界是整体的，这一观念原本是人为的粉饰和预设，世界本身无所谓整体不整体，“世界”作为概念同样是人为假定的，五色也便与其所增饰、增设的世界的性质、形制、涵意有关。如果世界的整体性建立在权力的制度上，五色便有了护持的色彩；如果世界的整体性建立在心性的维度上，五色便有了自由的意味；如果世界的整体性

---

① 任中敏编著，何剑平、张长彬点校，王小盾、陈文主主编：《敦煌歌辞总编（中）》，凤凰出版社 2014 年 9 月版，第 612 页。

② 任半塘编著：《敦煌歌辞总编》，上海古籍出版社 2006 年 7 月版，第 1099 页。

③ （唐）韩偓，周振甫主编：《唐诗宋词元曲全集》（《全唐诗》第 13 册卷 683），黄山书社 1999 年 1 月版，第 5070 页。

建立在民间的立场上，五色便是鲜活的风生水起之光华、车辇，甚至各种生命运行之轨迹。换句话说，五色是增的概念，不是减的范畴，如果把整体的世界当做“一”来看待的话，那么，五色便是一种“增一”的假设。

唐三彩的视觉习惯至于康熙年间仍然得以保留。康熙年间的虎皮三彩盘器形极为规整，敞口，弧腹，圈足。它以黄、绿、紫褐色三种颜色相互交融、晕染成不规则的斑块来绘制器身。[①] 如是做法的特点突出地表现在，首先，它不像是一幅画，而更像是一件衣服，一种皮肤。色彩完全包裹在器物上，呈现的只是色彩本身，而非由色彩制造的意境。其次，其构图往往是无序的、晕染的、交融的、相互渗透的、不规则的，这便塑造了一种液态的水的流动意象。换句话说，它更像是一种成型之前的无形状态。再次，相互组合渗透的团块，一般而言没有直线条，而往往带有曲意、迂回、连绵的视觉效果。这与明确地以描绘物象为基础的用色方式有悬殊的差异。

明万历年间的抹红海水飞兽纹高足杯，高 8.9 厘米，口径 9.7 厘米，底径 4.8 厘米，现藏于苏州博物馆。这只高足杯，平底高圈足，杯的外壁满绘红色的海水。其中，杯体上，绘有

---

① 参见苏州博物馆编著：《苏州博物馆藏瓷器》，文物出版社 2009 年 7 月版，第 134 页。

青花的苍龙、麒麟、海马、飞象、狮子、瑞鹿、鸾雀、鲤鱼，杯把上，绘有同样是鲜红色的海水以及磊落的山石。[①] 这一形制并不多见。多见者盖以青花为海水，绘以赤龙等神兽。在现实世界里，唯一说得通的解释，是把海水视为喷薄而出、沸腾着的海底岩浆，杯把上的山石也的确有喷发之势。然而，四周的海水却是平静地、有规律地波动着，并非在描摹岩浆的汹涌。所以，我们只能对它做出审美的解释：飞兽会因为红色海水的衬托，而更为生动，使人印象深刻。

明万历年间的五彩人物纹盘，对我们而言，是一件极为重要的器物。它高 3.1 厘米，口径 19 厘米，底径 13.2 厘米，现藏于苏州博物馆。[②] 这件五彩人物纹盘的图案是由两部分组成的，一部分是外围环绕的边沿图案，绘有缠枝连理的八只葫芦，这八只葫芦的色泽两两相对，共有蓝色、绿色、红色、黄色四种八只。另外，每只葫芦及其藤蔓上，有一组六片，共四十八片叶子，由蓝色、绿色、红色、黄色错落图绘。另一部分是边沿所围绕的盘心部分，绘有远山、近桥，桥边站着一位官员和两名童子，官员一手执玉如意，一手摩挲童子的头顶，一

① 参见苏州博物馆编著：《苏州博物馆藏瓷器》，文物出版社 2009 年 7 月版，第 93 页。

② 参见苏州博物馆编著：《苏州博物馆藏瓷器》，文物出版社 2009 年 7 月版，第 98 页。

名童子双手举罐，罐中生烟，烟中有物，另一名童子双手端盒，盒上有珊瑚。通过此图，我们可以获得的信息起码有以下几点：首先，五色在这只五彩人物纹盘里，一个最为典型的特征，是其错落的组合规律。同一种色泽，很少不会出现叠合的概率。其次，蓝色，也即青花的颜色，往往表现的是图画的“深度”。画面中的远山，一律用蓝色表现。另外，近景中有一块石头，石分三面，这块石头的表面是绿色的，但其石座，石头的侧边和底部却是用蓝色来表现的。再次，红色占据着这幅图画的核心，也即官员的官服，一身从上到下宽大的红袍，这件红袍牵引着观者的视觉焦点，包括官员手中的玉如意。三个人都在注视着这只玉如意，这只玉如意也是红色的，它处于最为中心的位置。最终，整幅图画几乎没有用到黑色，只有一处，那便是官员的官帽，黑而近乎褐色的官帽两头上翘，灵动而可爱。综上所述，这只五彩人物纹盘，用色极为大胆，它力求突出饱和度极高的色彩相互碰撞，以产生繁华的视觉效果，虽然这并不妨碍他在用色过程中潜藏着某种理性和深意。

康熙年间的青花五彩海水云龙纹盘是另一件极为珍贵的藏品，它高 4 厘米，口径 21.3 厘米，底径 12.5 厘米，现藏于苏州博物馆。[①] 这件作品的图幅比万历五彩人物纹盘更大，更饱满，更能够突出主题，这不仅是因为其口径多出了2.3厘米，而且，它没有如同万历五彩人物纹盘一样的边沿部分。在这件作品中，海水和云雾都采用了青花的颜色。同时采用青花，会不会辨识不清？效果恰恰相反，实让人耳目一新，一目了然。海水的饱和度低，颜色更淡泊；云雾的饱和度高，颜色更深远。通过此图我们还可以发现，首先，所谓五彩海水云龙图，大量使用了蓝色、红色、黄色、绿色，同样几乎没有使用墨色。墨色只用于一处，那便是龙的眼睛。两颗眼珠，故为点睛之笔。其余各处，一概没有出现。其次，龙的身体上，爪子、须发、腹部的鳞片皆掺入了红色，但其主体呈现出与太阳同样的亮黄色，说明了二者的同构性。再次，作者所使用的底色，也即白色，穿插在了海浪里，海浪中的白色非但没有空缺感，反倒恰好形成了泡沫的视觉效果。最后，五彩的运用原则依然秉持着错落有序的填充方法，全图在整体上，是丝毫没有重复的。这样一种用色之道，在明清两朝极为流行。

清朝的瓷器粉彩，对青花、靛蓝的偏爱可谓达到无以复加的地步。康熙年间的五彩山水人物纹盘高4.1厘米，口径27

---

① 参见苏州博物馆编著：《苏州博物馆藏瓷器》，文物出版社2009年7月版，第123页。

厘米，底径 16.4 厘米，现藏于苏州博物馆。[①] 这只纹盘上绘制的是一幅典型的青碧山水图案，右侧题诗一联："画栋前临杨柳岸，青帘高挂杏花村。"落款"木石居"。说的是杏花村，固然是早春景色，树叶稀疏，远景、中景、近景的层次更加分明磊落。值得注意的是，画师在近景的石岸上，中景的房屋屋脊上，远景的山峦上，一律使用了靛蓝（非理性地、没有必要地使用了靛蓝）。青花之色，似乎俨然成了清人心中时刻难以割舍的梦幻情结，可谓无所不用其极。更为显著的案例是同样流行于康熙年间的五彩麒麟纹盘，类似纹盘显然是以靛蓝为主导色的，麒麟的躯干、四肢，云朵的核心，麒麟足下的石块以及边沿画框的中心部分，一概使用了靛蓝，突出靛蓝的意图十分明显。[②] 与之构成对比的是同为康熙年间的仿成化五彩花碟纹盘。这只纹盘制于康熙年间，却是仿大明成化的作品。在笔者看来，这是一件极为淡雅脱俗、精致秀美的作品。它通体施白釉，匀净明亮，如同熟宣，盘内外以相互呼应的蝴蝶和过墙樱桃为饰，红桃绿叶，绘有花枝。整个画面结构简洁、素雅而

---

① 参见苏州博物馆编著：《苏州博物馆藏瓷器》，文物出版社 2009 年 7 月版，第 126 页。

② 参见苏州博物馆编著：《苏州博物馆藏瓷器》，文物出版社 2009 年 7 月版，第 128 页。

精致，叶瓣的折弯，不同层次浓淡的递进，蝴蝶的翅膀和触须都极为精细。蝶为三色蝶，骨干的朱红恰与樱桃相应。这只纹盘，康熙年间仿制大明成化的作品，就没有使用靛蓝。所以，指认靛蓝为清人情有独钟的执念，概不为过。

清人之于色彩绚烂的呼唤，还与中西方文化交流的活跃形态有关。我们在瓷器用色的手法上，亦可窥见西洋之镜，舶来之风。康熙年间制造的五彩花篮纹菊瓣盘高 3.5 厘米，口径 21.5 厘米，底径 11.9 厘米，现藏于苏州博物馆。[①] 这只菊瓣盘最大的特点，毫无疑问，不在于它的高度较之他物更低平，而在于其图案绘制的形式更欧化。该盘的胎质洁白细腻，呈菊瓣形，敞口浅腹圈足，中心绘制了一只巨大的五彩花篮。我们由此可以看到，首先，这只花篮没有依托，没有背景，没有底图，这在中国传统的山水花鸟静物画中并不常有。中国的花鸟画即便不在山水中，亦强调器物内外之关系，此花篮以独体方式呈现，实属罕见。其次，这只花篮的形态是放射性的，极为直露。它以花篮的腹部为中心，各种花卉由中心向四周怒放出去。尤其值得注意的是篮腹，因为极力想要表现花卉的丰富，其篮腹采用了透视的方法，凸显其腹部内部的花卉，使整个花

① 参见苏州博物馆编著：《苏州博物馆藏瓷器》，文物出版社 2009 年 7 月版，第 130 页。

篮似乎分割成了两侧、两层。再次，花篮中的花卉不是当季、一季的，其中有牡丹，有百合，有绣球，有荷花，还有荷叶、莲蓬等。最后，花篮收口虽为藤条，但其颈部采用了园林中使用的冰裂纹，而紧接着，冰裂纹下部连接处，却采用了欧化幕帐的竖形条纹。综上所述，这只五彩花篮必然是中国画师受了西方流行的艺术表现手法的影响制作而成的。其用色虽然也照顾到清人的执念——靛蓝，但其构图，显然是中西合璧的结果。

这些丰富的五色案例如同万花筒一般向我们呈现出中国古代，尤其是近代以前的五色观念。中国古代美学在元理论的层面上，是对“道”的审美世界的总结，但在具体的经验上，却是五彩斑斓的、五色绚烂的纷繁复杂之世界。五色的文化之旅在历史的长卷中所经历的起伏、扭结和辗转，最终成了中国古代美学之“结语”，成了“境界”这一范畴的恰切注脚。直至今日，五色仍旧散发着它多元而开放的气息，为中国审美世界的当下语境构筑起一座华彩夺目的屏风、一面悠悠往来的铜镜。

图一　浙江宁波天童寺佛殿[1]

在远山青翠欲滴的竹海掩映下，天童寺佛殿的杏黄色墙壁显得格外幽深，它与赤色的挂落、栏杆，与黛瓦铺就的重檐歇山顶，与斑驳陆离的石块、台阶组成佛门世界。

[1] 杜顺宝编著：《中国建筑艺术全集·风景建筑》（19），中国建筑工业出版社 2001 年 5 月版，第 69 页。

图二　广东广州陈家祠屋脊装[1]

中原文化一次又一次向南播迁，广州陈家祠堂的屋脊，俨然已成为各种文化质素集合的“剧场”。从福禄寿到八仙，各种历史与传奇，乃至各种西洋镜像，以屋上架屋的方式汇聚一堂，组成另一个五色斑斓的世界。

[1] 巫纪光、柳肃著：《中国建筑艺术全集·会馆建筑·祠堂建筑》（11），中国建筑工业出版社2003年3月版，第131页。

图三 马王堆一号汉墓 T 型帛画，西汉[1]

汉代人对宇宙整体的认识，充满了对彼岸世界的想象色彩。在随葬品这一大的概念下，这幅帛画描绘的是彼岸世界的场景。画中的元素纠缠而又层叠，人物谦恭，神兽飞跃，异彩纷呈。

[1] 中国古代书画鉴定组编：《中国绘画全集》（1），文物出版社 1997 年 11 月版，第 3 页。

图四　无款，舞乐图，唐[1]

自魏晋南北朝以来，种种带有仪式感的乐舞形象留在屏风、壁画、卷轴中，如同一场场服饰美学的盛宴。图中的舞者不仅刻意掀起领肩，且着意露出足履。领肩的黄色与空中云雀羽毛的颜色相呼应。涂满胭脂、略显夸张的面颊与极具垂感的裙袂相协调。五色也可以是热烈的，可以幻化出异域的风情。

---

[1] 中国古代书画鉴定组编：《中国绘画全集》（1），文物出版社 1997 年 11 月版，第 80 页。

图五　无款，侍马图，唐[1]

屏风上出现的图案及其意象所表达的不尽然皆为粉饰现实，在写实主义画风的影响下，人生的悲苦、对生命的感慨亦可成为画作表达的主题。此画中的侍马者身着白色（唐代的流行色）便衣，马匹身形健硕，从面部表情看，二者似乎有无尽的哀愁。

[1] 中国古代书画鉴定组编：《中国绘画全集》（1），文物出版社 1997 年 11 月版，第 89 页。

图六　顾闳中《韩熙载夜宴图》摹本局部，宋[1]

这幅作品集中而细致地还原了乐伎合奏的场景。裙摆覆盖了五位仕女的坐具，我们不知道她们所坐的是瓷墩、木凳，还是石块。从坐姿判断，这组人物有主从关系，左一为领，右四为从。她们的衣着用色鲜丽，配色大胆，加上云鬓纤指和轻盈的体态，生动展现了晚唐五代上层社会生活的奢华。

[1] 中国古代书画鉴定组编：《中国绘画全集》（2），文物出版社 1999 年 6 月版，第 28 页。

宋徽宗的书画，无论从书画史、艺术史、文化史、审美史哪个角度来看，都是不可多得的上乘之作。《听琴图》的构图极为精美。抚琴者身后的松树如同华盖一般衬托着抚琴者，原本是四座格局，却把第四座让与自然，而琴案等家具的支脚极为纤细，与坐者所坐的石墩形成对比。抚琴者与听琴者衣着的款式和色彩，也极为精雅。抚琴者的衣氅与松树同为深棕色，左右听琴者分别着红、绿色。白色同时出现在四人的身上，位置却又不同。此为《听琴图》，非《抚琴图》，听琴者是主体，自然更是主体。

图七　赵佶，《听琴图》，北宋[1]

[1] 中国古代书画鉴定组编：《中国绘画全集》（2），文物出版社 1999 年 6 月版，第 150 页。

图八　郎世宁、唐岱，《松鹤图》，清 [1]

“松鹤延年”，本不是什么新鲜主题，郎世宁却让这一主题有了新鲜感。一方面，在养生这一母题下，宫廷与文人，与民间，尤其是与市民阶层，有了审美上共通的诉求。另一方面，郎世宁的画作显然把西方绘画的光感带入了中国艺术的五色系统。中国绘画随类赋彩，色彩的表现如同笔墨，有浓淡，有枯润，而在郎世宁的笔下，绘画更具有光感。其中，仙鹤的羽毛是可以区分出高光与哑光之层次的。这使得传统五色之美的表现力更为直接、强烈。

---

[1] 中国古代书画鉴定组编：《中国绘画全集》（27），文物出版社2001年6月版，第163页。

图九 《九色鹿本生》之四，莫高窟第 257 窟西壁[1]

九色鹿，是最有理由遍身华彩的。从壁画的实际残留，尤其是魏晋南北朝时期的其他案例上来看，九色鹿通常是梅花鹿，通身斑点，这些斑点在绘制之初，应当是有所谓九色的。“九色”之“九”，实乃“四季”尚“四”之逻辑与“五行”尚“五”之逻辑相加叠合后得到的结果。换句话说，它融通了时空，把五色的想象世界进一步扩大了，深化了。

---

[1] 段文杰主编：《中国敦煌壁画全集》（1），天津美术出版社 2006 年 1 月版，第 146 页。

图十 《张议潮出行图》局部，莫高窟第 156 窟[1]

音乐的听觉印象如何通过造型艺术，尤其是平面化的壁画来进行审美表达，这对绘制者来说，是十分巨大的考验。乐者身形体态的多样固然能够增强画面的动感，但更为重要的，却是以乐者与乐器色彩的反差、对比和多变，建立听觉与视觉之通感可能。

[1] 关友惠著：《中国敦煌壁画全集》（8），天津美术出版社 2001 年版，第 6 页。

图十一　山西定襄洪福寺文殊菩萨，金[1]

这是一尊位于山西定襄洪福寺的金代文殊菩萨像。早期佛教塑像中惯用的头光、背光，经历数百年的演化后，早已演变成巨大的带有建筑风格特色的背屏组合。在整体宽阔的扁舟边缘上，火焰纹与水云纹叠合，而在扁舟内部，亭台楼阁，四面八方，宝相花，龙凤呈祥。这是一个以褪了色的赤色为主基调的五色世界，黄、蓝、绿、黑、白、紫、赭杂于其间，令人目不暇接。

---

[1] 金维诺主编：《中国寺观雕塑全集》（3），黑龙江美术出版社2005年8月版，第35页。

图十二　漆盒石砚，西汉[1]

砚，早在西汉的墓葬中就可以找到大量出土的实物。中国官吏、文人，乃至朝廷所使用的文具，并不是单色调的，就连砚也被安置在各种精美而多彩的漆盒中。黑为底色，红为俏色的二元组合，融合了木器本身的质感，使得执笔者能够想象和建构出一个气韵生动的世界。

[1] 《中国文房四宝全集》编辑委员会编：《中国文房四宝全集》（2），北京出版社2007年10月版，第5页。

文房四宝，笔墨纸砚，笔是“第一性”的，笔最重要，笔是灵魂，笔是统领，墨、纸、砚都是围绕着笔而展开的，没有笔，墨、纸、砚也就失去了存在的价值和意义。这就是中国古代文人总是向往拥有一只五色笔的原因。五色笔，几乎是足以与文人的才性、才情、性情画等号的象征性符号。乾隆年间，笔的工艺制造不仅在笔锋上下工夫，更以各种名贵的材质制作笔管、笔头，青玉、珐琅自然不在话下，而其图案纹饰，更是五彩斑斓。

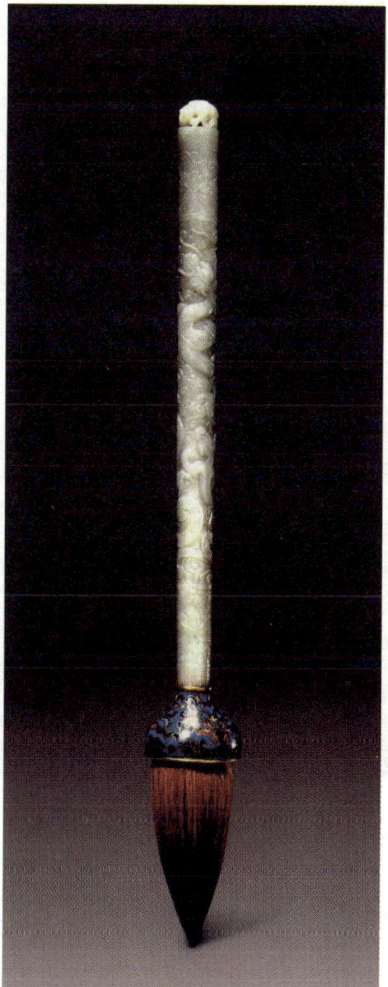

图十三　青玉雕龙纹管珐琅斗狼毫提笔，清[1]

---

[1] 《中国文房四宝全集》编辑委员会编：《中国文房四宝全集》（3），北京出版社 2008 年 7 月版，第 87 页。

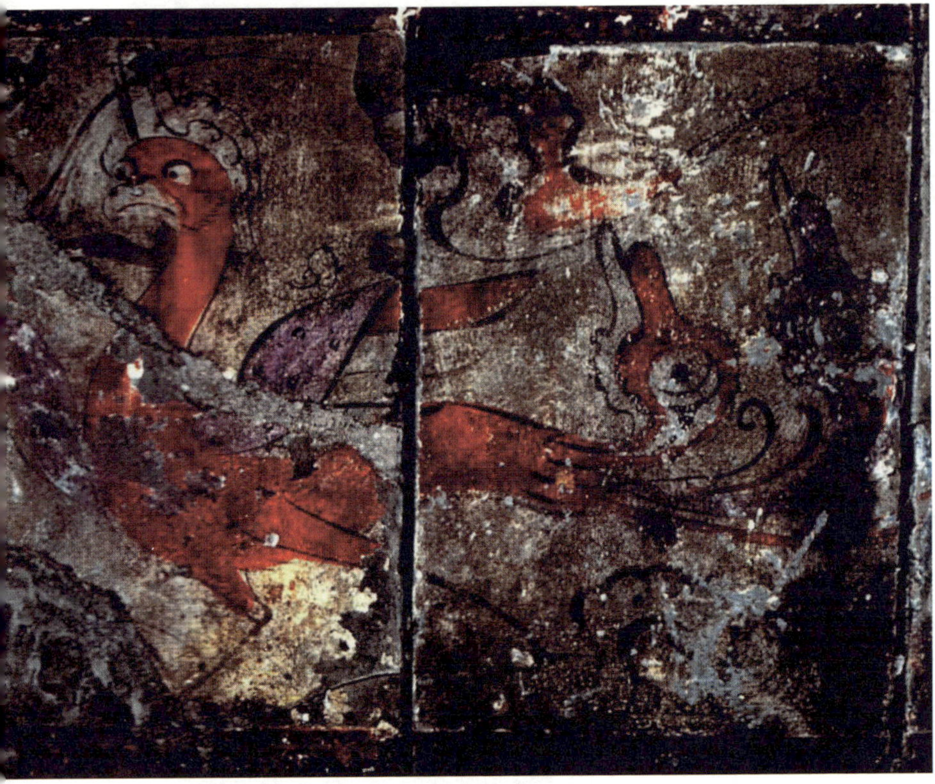

图十四 朱雀[1]

四象系统，青龙、白虎、朱雀、玄武，其中的青、白、朱、玄，正是五色最直接，也最具象征意味的表达。以朱雀为例，此雀在墓室壁画中，通身朱红，极为绚丽夺目，而与其他三象构成区别。朱红，必然是带有深刻的崇拜意味的集体无意识。这种集体无意识，恰恰是五色之话语系统存在的理论基础。

[1] 《中国墓室壁画全集》编辑委员会编：《中国墓室壁画全集》（1）河北教育出版社 2011 年 5 月版，第 5 页。

图十五　墓室内景[1]

墓室壁画中，无论是穹顶上的日月天象二十八星宿，还是四壁的四象、瑞兽、接引者、历史人物，林林总总，置身其中，给人最直接视觉冲击的，必然是浓烈的色彩。墓主人并没有因为死亡而被安置在一个无色的，乃至黑白线描的世界中。死亡并没有阻断色彩的涌入和流行，而色彩的世界必然是一个继续生、依旧生的世界。

[1] 《中国墓室壁画全集》编辑委员会编：《中国墓室壁画全集》（1），河北教育出版社2011年5月版，第26页。

伯牙撫琴

子期聽琴

图十六《伯牙子期抚琴听琴图》[1]

与宋徽宗的《听琴图》绝然不同的是，墓室壁画中的伯牙与子期，一位抚琴，一位听琴，似乎把音乐还给了听觉。一方面，伯牙最令人动容的是他正在弹奏的手部，他的两只手飞速弹拨，以至于衣袖鼓动如风，有席卷残云之势；另一方面，子期的重点是他在拂袖倾听，他生怕有所错漏。二人的形象都是围绕音乐而展开的，不是围绕画面感而展开的。然而，即便此时，在线条的粗细变化之间，色彩也并没有缺席。

---

[1] 《中国墓室壁画全集》编辑委员会编：《中国墓室壁画全集》（1），河北教育出版社 2011 年 5 月版，第 106 页。

图十七　青龙、白虎[1]

此为墓室壁画中的青龙、白虎。事实上，青龙与白虎的基本形态具有强烈的相似性、对应性，其区别仅仅体现在头部的触须、爪趾的形状，以及皮肤的纹路上。要加强两者的区分度，青龙、白虎的青与白就要被凸显出来。青龙之青，近乎乌黑。白虎之白，近乎灰绿。这两种色调，在一大片赤红色火焰纹的背景映衬下，显得十分醒目。

---

[1] 《中国墓室壁画全集》编辑委员会编：《中国墓室壁画全集》（1），河北教育出版社2011年5月版，第130页。

图十八　建筑彩画[1]

在墓室壁画里，建筑的色彩极度张扬，几乎达到了极致。梁柱系统自秦汉以来日臻完善，借助榫卯复杂地衔接，钩心斗角、飞檐出挑、柏额雀替的穿插与组合，多有变化。建筑的装饰性纹样及其色彩强化了这一效果。强烈的明暗对比，使得建筑空间深邃而恢弘。

[1] 《中国墓室壁画全集》编辑委员会编：《中国墓室壁画全集》（3），河北教育出版社 2011 年 5 月版，第 85 页。

图十九　《月曼清游册》之九，清[1]

乾隆年间用象牙雕刻的《月曼清游册》共描绘了 12 种日常生活的场景，对应于一年之中的 12 个月份。此为 9 月，月色朦胧的暗调时分。象牙的乳白色主要表现建筑、人物、花草的主体形态，夜空则是深蓝色的；人物身上的配饰色调内敛，石块是黄色的；宫扇是黑色的，如同静穆的时间。

---

[1] 《中国竹木牙角器全集》编辑委员会编：《中国竹木牙角器全集》（4），文物出版社 2009 年 8 月版，第 57 页。

图二十　象牙雕镂空花卉委角长方盒，清中叶[1]

盒以及箱，作为庋藏类器物，素来既属于家具，又属于手工艺品。这件象牙镂刻的方盒秀丽端庄，繁缛而华贵，是一件不可多得的艺术品。象牙的质料仅仅勾勒出方盒的框架，缠枝纹里，点缀着五色花果，又兼及江南园林中的种种建筑、人物、植被。五色是一种生活，这种生活很有可能就掌握在人的手里。

---

[1] 《中国竹木牙角器全集》编辑委员会编：《中国竹木牙角器全集》（4），文物出版社 2009 年 8 月版，第 114 页。

图二十一　剔红山水座屏，清[1]

剔红手法的出现、流行和成熟彻底改变了自汉代漆艺成型以来，以黑色为基调的配色局面，红色奠定了作品的整体感。山水花草、楼廊台榭、云霓人物，无不是红色的，犹如水墨画中的用墨处。黑色仅限于用来表现水面和天空，相当于白，相当于空。剔红在客观上使得二维的画面布局呈现出凹凸有致的三维立体浮雕效果，这不仅是色彩的“胜利”，更是造型的“崛起”。

[1] 《中国竹木牙角器全集》编辑委员会编：《中国竹木牙角器全集》（5），文物出版社 2009 年 8 月版，第 173 页。

图二十二　缂丝加绘麻姑献寿中堂画轴，清[1]

清中叶的麻姑献寿主题已走入普通百姓家，百事吉祥、长寿无疆、顺遂如意的祈愿俨然祛除了关于敬畏的恐惧和骇怖。除了脸部特征以外，麻姑和寿星身着的服装，手中的灵芝、寿桃，包括坐骑，无不被各种艳丽的图案和色彩覆盖。色彩，即是现世的比拟。

[1] 《中国美术全集》编辑委员会编：《中国美术全集·工艺美术编 7·印染织绣》，文物出版社 1987 年 9 月版，第 189 页。

图二十三　黄地套五彩玻璃瓶，清[1]

玻璃制造技艺的引入，使得工艺品的塑造形式、色彩搭配有了极大的发展空间，然而我们却发现，五色依旧如同一个不朽的主题，继续存在。值得注意的是，一方面，这只五彩玻璃瓶上所绘制的图案具有浮雕效果；另一方面，其所绘制的植物并非单色，而是由五色拼贴。显然，五色的所指义正在抽身而退，能指义起到了增饰的作用。

1 《中国美术全集》编辑委员会编：《中国美术全集·工艺美术编 10·金银玻璃珐琅器》，文物出版社 1987 年 3 月版，第 154 页。

图二十四　人首马身纹缂毛，汉[1]

“人头马”的形象，早在汉代的缂毛图案中便已出现。如果图腾崇拜作为一种信仰，是可以分出历史发展之阶段的话，单纯的描绘图腾的面具显然是初始阶段，而人驾驭马匹以及其他禽兽，以神为坐骑，理当为高级阶段。这件织物的重点在于人首、人的上身与马匹采用了不同的色彩。然而，人肩部披挂的披风、头上的帽子乃至手中持有的武器，又是一种色彩。如此配色方案不是偶然为之的结果，而是具有深刻的文化内涵。

[1]《中国美术全集》编辑委员会编：《中国美术全集·工艺美术编6印染织绣（上）》，文物出版社1985年12月版，第108页。

图二十五　罗汉群像，北宋[1]

罗汉的皮肤颜色、面部表情、体格肌肉、手势身姿各异，但更令人印象深刻的是他们身着的袈裟。早在印度的原始佛教中，僧衣就有“百衲衣”的讲法，彰显着施舍的含义。然而到了北宋，僧衣的颜色似乎脱离了施舍的本义，而具有了众生的“味道”。这种“味道”，蕴含着把彼岸世界寓于此岸现世的意志和努力。

[1] 《中国美术全集》编辑委员会编：《中国美术全集·雕塑编 5·五代宋雕塑》，人民美术出版社 1988 年 6 月版，第 43 页。

图二十六　五方佛，明[1]

佛五方，如何来表明？五方佛为我们提供了答案——用五色来表达。鎏金的佛身固然是金色的，但佛身后散射出的背光里，以及佛所坐的须弥座上，却有着五色的绚烂。换句话说，用五色来象征方位，这不仅是现实世界的选择，亦是彼岸世界的逻辑。

1　《中国美术全集》编辑委员会编：《中国美术全集·雕塑编 5·五代宋雕塑》，人民美术出版社 1988 年 12 月版，第 72 页。

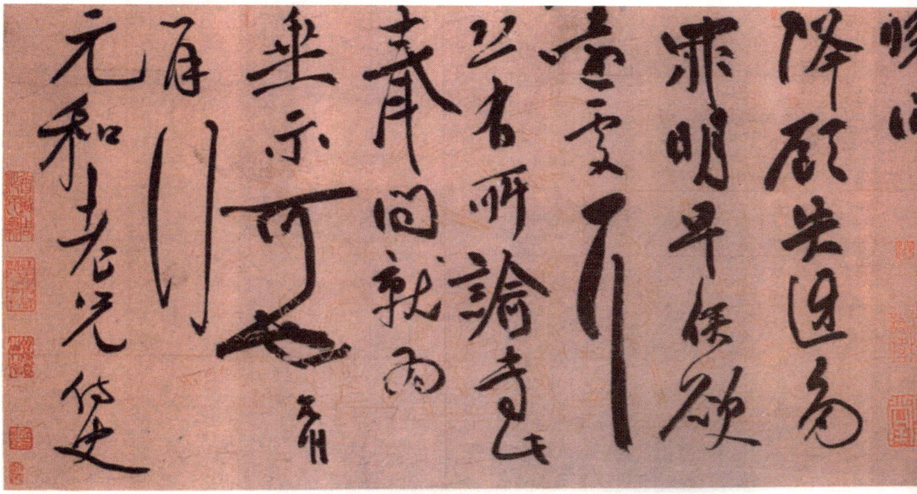

图二十七　祝允明手札，明[1]

书法本身看似与五色毫无关联，这其实是人们过于简化的错觉。纸张的颜色可达十数种之多。书法所使用的媒介史原本就是从甲骨至于金铜铁范，至于布帛竹简，至于草浆纸张的漫长的材质的历史。不可以单一的白色一叶障目，以偏概全，尤其是在文人使用的便签里，纸张的色彩更为多变。另外，印章无论朱文还是白文，皆与书法的墨迹形成了红与黑的世界，印章之红（亦有之黑）是点醒、提示，更是身份的证明。除此之外，装裱过程中所使用的各种锦缎就更不用说了。由此，书法作品，必然是有色的。

1　《中国美术全集》编辑委员会编：《中国美术全集·书法篆刻编 5·明代书法》，上海书画出版社 1989 年 5 月版，第 59 页。

图二十八　南京煦园不系舟[1]

建筑作为一种艺术，其性质最难定义，因为建筑是“空”的，虚无的，有待的，让度的。建筑中只有有了人的存在、人的活动，才是真实的鲜活的生命场域。不过，我们还是能够从建筑的形制中，尤其是园林的造境中，体会到些许造园者融冶空间，俯仰天地自然的角度、姿势。例如，逝者如斯，人在濠濮间，建筑便是一条船、一座戏台、一个流动的场所，而无所谓永恒。与李渔的梅窗相比，煦园的不系舟更像是一处专司于想象的梦境。此处何止是粉墙黛瓦的肃穆？雕梁画栋里，面对碧波中“金玉满堂”的倒影，时间是五颜六色的。

[1] 《中国美术全集》编辑委员会编：《中国美术全集·建筑艺术编3·园林建筑》，中国建筑工业出版社1988年7月版，第68页。

图二十九　皇穹宇天花[1]

藻井、平棋，在清代的建筑中极为常见，但真正能够筑造穹窿之实际意义的，唯有"天穹"。在这里，"天穹"才有了权力的影子，有了中央波及四方、六方、八方、一年四季、二十四节气、五行八卦的规训意味。这样一座"天穹"，结构细密而重复率极高，且金碧辉煌，但其内在逻辑依旧是以五色来建构的。清廷的特殊性，仅在于偏爱靛蓝而已。

[1] 《中国美术全集》编辑委员会编：《中国美术全集·建筑艺术编6·坛庙建筑》，中国建筑工业出版社1988年8月版，第6页。

图三十 《满床笏》，清[1]

此图为截取，画面的中央，摆放着一张床榻，床榻之上，摆放着排列得整整齐齐的笏板。爵禄，不只能够带来饷银俸禄，更是一种身份的象征。在图案的中部，即距离床榻稍远的中景里，一名红衣男子正在向一位黑衣官员行叩拜之礼，点明了主题。事实上，这幅画中最特别之处，在于各级官员的官帽、朝服绝无雷同，而每一种色彩的饱和度都极高，鲜艳夺目。

[1] 《中国美术全集》编辑委员会编：《中国美术全集·绘画编21·民间年画》，人民美术出版社1985年5月版，第15页。

图三十一 《张良吹箫破楚兵》，清[1]

张良在哪里？正飞行于天上之驾鹤者。事实上，这幅年画的主体，绘制的是项王的营寨。项羽仍旧端坐在大帐内，虞姬位于他的身后，他们一起面对着众将。汉王的军队为远景，隐匿于山坳间，正在吹箫。整幅画作的用色极为“用力”，五色是众色的基底，衬托出民间年画的审美情趣。

---

[1] 《中国美术全集》编辑委员会编：《中国美术全集·绘画编 21·民间年画》，人民美术出版社 1985 年 5 月版，第 37 页。

图二十二 《同庆丰年》局部，清[1]

清朝末年，天津杨柳青画作的流行程度，是今天的我们所无法想象的。中国美术创作的结果，不是文人画的勃兴，而是随着市民文化的崛起，与鸳鸯蝴蝶派同步的民俗画的流行，这恰恰是新文化运动发生所要面对的背景。此时，色彩的运用俨然到达了无可匹敌的浓烈。这幅局部图的左下角有一只气宇轩昂的雄鸡。连一只公鸡也被涂上了五彩，如一只锦鸡，更不用说人物的衣着了。无论如何，五色渗透在千家万户的日常生活中，中国古代社会离不开色彩。

1 《中国美术全集》编辑委员会编：《中国美术全集·绘画编 21·民间年画》，人民美术出版社 1985 年 5 月版，第 51 页。